DA ESCUTA DE TEXTOS À LEITURA

CB138358

CÓPIA NÃO AUTORIZADA É CRIME
ABDR
ASSOCIAÇÃO BRASILEIRA DE DIREITOS REPROGRÁFICOS
RESPEITE O DIREITO AUTORAL
EDITORA AFILIADA

Questões da Nossa Época

Volume 51

Dados Internacionais de Catalogação na Publicação (CIP)
(Câmara Brasileira do Livro, SP, Brasil)

Bajard, Élie
Da escuta de textos à leitura / Élie Bajard. - 2. ed. - São Paulo : Cortez, 2014. - (Coleção questões da nossa época ; v. 51)

Bibliografia
ISBN 978-85-249-2170-4

1. Escrita 2. Escuta 3. Leitura 4. Letramento 5. Mediação 6. Textos I. Título. II. Série.

13-14057 CDD-370.1523

Índices para catálogo sistemático:

1. Leitura e escrita : Mediação : Psicologia educacional 370.1523

Élie Bajard

DA ESCUTA DE TEXTOS À LEITURA

2ª edição

CORTEZ EDITORA

DA ESCUTA DE TEXTOS À LEITURA

Élie Bajard

Capa: aeroestúdio

Revisão: Maria de Lourdes de Almeida

Composição: Linea Editora Ltda.

Coordenação editorial: Danilo A. Q. Morales

Nenhuma parte desta obra pode ser reproduzida ou duplicada sem autorização expressa do autor e do editor.

© 2007 by Autor

Direitos para esta edição

CORTEZ EDITORA

Rua Monte Alegre, 1074 – Perdizes

05014-001 – São Paulo – SP

Tel.: (11) 3864-0111 Fax: (11) 3864-4290

E-mail: cortez@cortezeditora.com.br

www.cortezeditora.com.br

Impresso no Brasil – março de 2014

Agradeço à equipe de *A Cor da Letra* que contribuiu para a elaboração da didática da mediação de leitura apresentada neste livro, particularmente a Cíntia Shiroma de Carvalho, Dinorá Tavares de Souza, Joana Zatz e Renata Gentile.

Obrigado a Mariana Hasse pelas fotografias.

Meu reconhecimento a Maria Lúcia de Souza Barros Pupo, minha mulher, pela revisão do texto e pelo encorajamento.

Sumário

Introdução

Livros para analfabetos

No ano de 1992, por ocasião do Encontro Internacional de Alfabetização e Cidadania, o Brasil escolheu como prioridade nacional aniquilar o analfabetismo. Felizmente a universalização da escolarização veio reduzir a taxa dos brasileiros afastados de qualquer conhecimento sobre a língua escrita: o *analfabetismo absoluto* recuou e apenas uma pequena parte da população brasileira sofre seus efeitos.

No entanto, esse tipo de analfabetismo deixa espaço para um outro. Muitas pessoas que se beneficiaram de um curso de alfabetização não dominam suficientemente a língua escrita para poder utilizá-la enquanto instrumento da sua vida como cidadão.

A Unesco adotou o conceito de alfabetismo funcional para designar a pessoa "capaz de utilizar a leitura e a escrita para fazer frente às demandas de seu contexto social e usar essas habilidades para continuar aprendendo e se desenvolvendo ao longo da vida [...] O *3º Indicador Nacional de Analfabetismo Funcional* [por exemplo, indica que] só 25%

dos brasileiros entre 15 e 64 anos demonstram habilidades plenas de leitura e escrita".[1]

De um lado esse analfabetismo funcional é encontrado principalmente em segmentos da sociedade nos quais o livro é ausente. De outro, a presença de uma biblioteca não garante o uso do acervo. Mesmo na escola existem acervos que ficam fechados em armários sem leitores e a alfabetização se desenvolve fora de qualquer contato com livros. Os métodos tradicionais reforçam essa situação, já que propõem ensinar o código alfabético como pré-requisito para o encontro com os textos. Essa abordagem do processo de alfabetização se reflete na proposta recente do método fônico, que pretende proporcionar acesso ao sentido apenas depois da decodificação, reativando uma visão tradicional do ensino.

Os métodos ativos preconizam que as aprendizagens fundamentais sejam construídas dentro de uma prática de linguagem. Assim como a criança aprende a falar falando, aprende a andar andando, aprenderá a língua escrita através de seu uso. Freinet, por exemplo, propôs a aprendizagem da escrita pela troca de cartas dentro de uma correspondência escolar entre classes longínquas. Podemos reencontrar essa exigência em Emília Ferreiro, que propõe colocar a criança em situação de escrever para que aprenda a escrita.

Diante da resistência do analfabetismo aos inúmeros planos de alfabetização, nasceu a ideia de que a aprendizagem da escrita não é conquistada apenas a partir do domínio do código alfabético, mas se enraíza dentro de uma cultura da escrita, de um *letramento*, isto é, para Soares

---

1. Instituto Paulo Montenegro. Disponível em: <www.ipm.org.br>. Acesso em: 17 maio 2006.

"Estado ou condição de quem não apenas sabe ler e escrever mas cultiva e exerce as práticas sociais que usam a escrita" (Soares, 1999, p. 47), exercício que começa muito antes da idade da alfabetização. É muito cedo que as crianças oriundas de famílias letradas descobrem a finalidade e o funcionamento da linguagem escrita. Veem seus pais ler em jornais e livros. Possuem livros de literatura infantojuvenil que manipulam e interpretam graças às ilustrações, assim como às vezes escutam suas histórias da boca do adulto. Quando vêm a descobrir o código alfabético, essas crianças já conhecem a função linguageira da escrita.

Depois da tomada de consciência da importância da visita à biblioteca, da frequentação do livro e da escuta de narrativas o mais cedo possível, cabe agora não deixar essas medidas educacionais restritas às crianças de famílias letradas, mas propiciá-las também em benefício de crianças que vivem longe da presença dos livros.

Na qualidade de profissional envolvido nessas atividades de aproximação das crianças com o universo da escrita, nosso objetivo neste livro é analisar a diversidade de práticas narrativas consideradas aptas a favorecer o letramento das crianças, antes que abordem o código alfabético. Por meio do exame dessas práticas distinguiremos as que pertencem à ordem da oralidade e as que remetem à escrita. Se num primeiro momento é possível utilizar a presença/ausência da voz como indicador para tal classificação, veremos que essa simplicidade é apenas aparente e que é necessário utilizar um conjunto de indicadores para construir uma tipologia mais precisa que permita aquela distinção.

Pretendemos distinguir a narrativa efetivada pela própria língua do mediador, pertencente ao mundo da oralidade, de outra, constituída pela língua do autor do livro, imersa no mundo da escrita.

A partir daí tentaremos identificar os frutos colhidos pela criança ao escutar esses dois tipos de narrativa, no que diz respeito às referências culturais e à linguagem. Estaremos particularmente atentos às aprendizagens realizadas no universo da escrita suscetíveis de constituir um letramento. Nosso estudo pretende questionar vínculos estabelecidos de maneira apressada entre determinada prática narrativa oral e os efeitos que dela são esperados na área da leitura ou da produção de textos.

Partindo da observação de crianças de 4 e 5 anos, descreveremos como elas se apropriam do livro individualmente ou em grupo, incluem este objeto singular nas suas brincadeiras, produzem linguagem a partir de suas imagens e descobrem que é portador de histórias. Quando são acompanhadas por um adulto leitor, as crianças analfabetas pedem para que ele lhes proporcione uma escuta do texto. Recorreremos ao conceito de "dizer" (Bajard, 2005) para construir uma didática da "publicação" — no sentido de torná-la pública — da escrita pela voz. Essa proferição implica uma comunicação entre uma pessoa que emite e um ouvinte que escuta. Elaborada a partir da análise da atuação de mediadores junto a crianças, esta didática será um instrumento útil para a formação de outros educadores.

Apresentaremos um dispositivo pedagógico para o encontro com o livro. Ele será conduzido por um "mediador de leitura" dentro de uma "sessão de mediação", através da qual a criança se beneficia de duplo acesso à narrativa escrita.

As línguas alfabéticas possuem a característica de poder associar a qualquer texto impresso no livro um "dizer" que enuncia as mesmas palavras na mesma ordem (o que não ocorre, por exemplo, entre a Língua Brasileira dos Sinais utilizada pelos surdos e a língua escrita portuguesa). Assim, a sessão de mediação utiliza essa passarela entre a narrativa apreendida visualmente e a narrativa escutada.

Desse modo, as crianças têm acesso ao universo da literatura infantojuvenil e, concomitantemente, constroem saberes sobre a própria língua escrita. Nossa proposta é identificar os vínculos que as aprendizagens realizadas na sessão de mediação tecem com a prática de leitura, uma vez que se trata de análise ainda inédita.

No entanto, se a *escuta de textos* abre acesso mediatizado à literatura, prescindindo da alfabetização, não podemos confundir a capacidade de escutar um texto com o ato de leitura, o qual exige múltiplos esforços. Se escutar não é ler, como passar de uma habilidade à outra? Dado nosso questionamento de que a escuta possa desembocar "naturalmente" nas águas da leitura, problematizaremos essa passagem, de modo a evitar determinadas armadilhas que podem freá-la. Uma delas é a eventualidade de que a criança aprecie tanto a escuta que não deseje aprender a ler.

O próprio dispositivo pedagógico pode contribuir para desfazer ardis dessa natureza, quando propicia não apenas a escuta do texto, mas favorece investigações autônomas do livro, que pouco a pouco se constituirão em estratégias de leitura.

O mediador propicia uma abordagem dupla da literatura, não somente sonora, mas também gráfica. Assim como um barqueiro, ele facilita a passagem entre as duas margens — auditiva e visual — da recepção, como sugere o título deste livro.

No entanto, se essa primeira experiência do livro parece imprescindível, poucos pensam que ela se substitui à aprendizagem sistemática do código e que seja suficiente para garantir a autonomia do leitor. Qual seria a didática da conquista do código que se encaixaria na experiência do livro vivida pela mediação de leitura? Além da fruição da literatura, a sessão teria alguma função no que tange à construção do código da escrita? Pretendemos examinar nestas páginas caminhos que conduzam a esse novo objetivo: formar o leitor para a autonomia.

Capítulo 1

Diferentes acessos às histórias

No passado a maioria das crianças nascidas em famílias pouco letradas não tinha contato com o livro antes de entrar na escola. O encontro entre ambos ocorria com sete anos, na primeira série, classe da alfabetização. O livro era *único* — não havia outros — *coletivo* — cada aluno tinha um exemplar — e *didático* — a cartilha. Esse livro, objeto puramente escolar, não tinha função social, isto é, não era utilizado fora da escola. Em vez de aguardar a conclusão do processo de alfabetização para só então entrar em contato com livros, a criança de hoje inaugura esse encontro nos primeiros anos de vida ou até mesmo nos primeiros meses. De fato, não existe mais idade mínima para a criança ser presenteada com obras de literatura infantojuvenil, folheá-las no sofá e escutar "histórias do livro" na cama antes de dormir.

Mesmo sem saber ler, as crianças têm acesso à literatura pelo caminho da escuta. A tradição da *voz alta* é antiga. Depois da Reforma ela já era frequente na Europa entre as famílias protestantes, nas quais o patriarca dizia textos sagrados da Bíblia durante a noite. No Brasil, séculos atrás, letrados reunidos em saraus escutavam poemas da boca dos seus autores, reuniões essas que hoje ainda perduram sob novas formas.

Essa prática sempre esteve presente na escola. Todo leitor conheceu em sua escolaridade algum professor que dizia textos literários para o prazer do auditório, sem cobrar tarefas escolares dos seus ouvintes. Essa *voz alta* sistemática não somente encantava os alunos, fascinados pela musicalidade da voz do professor, como também revelava obras escritas da literatura. Uma parte do sucesso de vendas de Daniel Pennac (1997) provém de sua proposta de reativar uma escuta do texto marcada pela qualidade, em oposição a exercícios de decifração isentos da dimensão comunicativa. O dado novo é que hoje a variedade dos textos ao alcance da criança é muito mais ampla e mais bem adaptada aos seus interesses, tanto pela temática abordada, quanto pela língua utilizada.

A entrada dos livros de literatura infantojuvenil nas famílias de classe média leva os pais a assumirem também o papel daquele que profere, até então restrito a determinadas reuniões, bíblicas ou poéticas. Hoje, felizmente, a *voz alta* está ganhando espaços educacionais diversificados fora das classes privilegiadas; ela se manifesta também em bibliotecas, creches, além de espaços sociais tais como núcleos de educação informal, hospitais ou jardins públicos.

Tradição

A língua corrente utiliza o termo *leitura em voz alta* para se referir a essa proferição. Segundo a concepção mais difundida, ela é fruto da transformação das letras em sons, já que "a única razão da existência [da escrita] é representar [a fala]" (Saussure, 1969, p. 34). Graças ao alfabeto, cada concatenação de letras de um texto corresponde a uma sequência de sons. O conhecimento da função sonora das 26 letras possibilita "sonorizar" a escrita e, inversamente, partindo da língua oral, permite escrever o que se quer. Nessa acepção, o ato de ler consiste na transposição das letras em sons, isto é, na transformação da língua escrita em língua a ser escutada, que, por sua vez, pode ser compreendida.

A maior parte dos métodos de aprendizagem da leitura fundamenta-se ainda na ideia de que o alfabeto é a única ponte entre a língua escrita e a língua oral. Na ótica desses métodos, aprender a ler e a escrever consiste em dominar o código alfabético, o qual possibilita dupla transposição: da escrita à língua oral e vice-versa.

Na leitura a apreensão do sentido é vista como fruto da escuta da vocalização. Como a criança conhece a língua oral, é passível de compreender qualquer mensagem vocal oriunda da escrita. O raciocínio parece simples. À leitura caberia assim a transposição da mensagem escrita em mensagem vocal. A compreensão, por sua vez, se daria a partir da língua oral já dominada.

Essa visão da aprendizagem da escrita é coerente com a escrita alfabética inventada pelos gregos. De fato, ao herdar dos fenícios o sistema gráfico constituído apenas de consoantes, os gregos inventaram as vogais escritas. Essa "fonologização" da língua escrita — a cada letra corresponde um som — tornou caduco o espacejamento existente na escrita dos fenícios, que não correspondia a nenhum som.

Nasceu então a *scriptio continua* (Svenbro, 1998, p. 44) que no português de hoje assim se apresentaria:

> TODOMUNDOPARECIATERAMIGOSTODOOMUNDO
> MENOSWILLYNINGUEMDEIXAVAWILLYPARTICIPA
> RDENENHUMJOGO

Essa escrita que leva às últimas consequências a coerência do alfabeto, torna necessário o uso da voz e da transformação do texto em língua sonora para ser compreendida. Tudo acontece como se, ao escutar sua própria emissão, o leitor pudesse compreendê-la. Talvez o termo *leitura em voz alta* convenha a esse processo de compreensão do texto escrito (*leitura*) mediante uma emissão sonora (*voz alta*).

Duas modalidades de leitura

Paralelamente, existe uma leitura íntima, chamada "silenciosa", oriunda da "leitura em voz alta", mas com abafamento da voz. Podemos compará-la ao termo religioso de "missa baixa" que designa um ofício restrito à participação de um padre sem a presença do público.

As duas modalidades de leitura, em voz alta ou silenciosa, são geradas pela mesma transformação das letras em sons, audíveis na primeira e inaudíveis na segunda. Como na aparelhagem sonora, na qual o som pode ser amplificado ou reduzido, a leitura também pode se diversificar:

quando feita em voz alta se endereça a um público amplo de ouvintes; quando silenciosa, por ser apenas útil ao próprio leitor, prescinde da voz alta. Nos dois casos, a compreensão provém da transformação dos grafemas em fonemas, ou seja, da escuta dos sons emitidos ou abafados.

Nessa ótica herdeira da *escrita contínua* (tradução portuguesa de *scriptio continua*), ler pressupõe uma produção sonora. Cabe assim à instituição escolar a responsabilidade de assegurar a aprendizagem da leitura em voz alta, como primeira habilidade a ser dominada.

Por isso, a leitura com emissão vocal tornou-se a maneira de ler padrão, com suas duas modalidades, "em voz alta" ou em "voz baixa", termo que, em última análise, seria mais adequado do que "silenciosa". Aprender a ler, nessa visão, consiste apenas em dominar a *decifração*, ou seja, a transposição das letras em sons. Mesmo que sejam reconhecidas duas modalidades de leitura, em voz alta e silenciosa, continua existindo uma única atividade de compreensão, sempre vinculada à língua oral.

Na prática baseada nessa concepção, a leitura em voz alta é vista, antes de mais nada, como uma decifração bem-sucedida. Hesitante no leitor iniciante, mais tarde se torna corrente. A má compreensão é atribuída à lentidão da decifração, isto é, à sua não automatização. Por isso, a leitura em voz alta constitui o modelo das práticas de leitura. Esse padrão se manifesta através da leitura magistral (do professor), que possui duas funções: revela o significado e oferece um modelo de proferição. Os alunos ficam liberados da procura do sentido, pois acabaram de conhecer o texto pela audição. Convidados a fazer uma leitura em voz alta do mesmo texto, se dedicam apenas à decifração, imitando o professor até a exaustão. Na escola tradicional, a leitura em voz alta é a prática textual mais exercitada, e, muitas vezes, a única a ser avaliada.

Hoje são utilizadas as expressões "leitura compartilhada" ou ainda "leitura para os outros", termos que levam em conta o aspecto comunicativo da "voz alta", que na prática tradicional acaba sendo esquecido. Essas expressões têm a vantagem de referir-se a dois protagonistas, aquele que profere a "voz alta" e o ouvinte, que *escuta*. Mas será que o proferidor está sempre lendo? Será que é a leitura que é compartilhada? Não seria o próprio texto ou os frutos da sua leitura? Uma vez que as duas expressões incluem a palavra *leitura*, o equívoco da expressão tradicional "leitura em voz alta" não nos parece resolvido.

Método fônico

Os defensores do método fônico, que se valem de "procedimentos científicos" (Capovilla, 2005, p. 17) partem do pressuposto que os sistemas alfabéticos de escrita representam os fonemas na forma de grafemas (Capovilla, 2005, p. 38). Por sua vez, o "Observatoire National de la Lecture" francês — referência para os defensores brasileiros do método fônico — define a leitura enquanto "extrair de uma representação gráfica a pronúncia e o significado" (Fayol, 2004, p. 15), negando assim a existência de uma compreensão que não passe pela pronúncia. Um fato histórico citado em um relatório brasileiro elaborado para a Câmara dos Deputados (Capovilla, 2005, p. 11) por um grupo de estudiosos pertencentes a essa linha é eloquente:

> Depois que o poeta inglês Milton se tornou cego e resolveu reler os clássicos, ele ensinou suas filhas a decodificar textos em grego, embora elas não pudessem compreender uma só palavra desse idioma. Podemos afirmar que Milton estava lendo? Não, ele simplesmente ouvia a leitura feita por suas filhas. Mesmo se fosse analfabeto, mas soubesse o grego, ele poderia compreender. E as filhas de Milton, estariam lendo? Naturalmente que sim, elas estavam simplesmente lendo. (Capovilla, 2005, p. 20)

Desse modo, os autores identificam na atuação das filhas de Milton um ato de leitura. Nessa situação, a decifração não é apenas um "estágio" da aprendizagem da leitura, mas constitui o próprio ato de ler. A asserção final "elas estavam simplesmente lendo" é caricata. De acordo com esse episódio, o aluno que depois de cursar dois meses de língua clássica grega e é capaz de vocalizar um texto, estaria lendo? O fiel que acompanha a proferição do *credo* católico pelo padre por meio da decodificação do texto em latim no seu missal, estaria lendo? Se assim fosse, o Ministério da Educação, após ter lançado planos de alfabetização para ensinar a decifração, deveria prever outra leva de projetos para ensinar a compreensão! Lamentavelmente não é ridículo pensar que já estamos nesta situação.

Observa-se que a maneira de ler imposta historicamente pela *escrita contínua* se perpetua hoje dentro de uma visão tradicional da leitura, na qual a emissão vocal se confunde com o próprio ato de ler e é vista como pré-requisito imprescindível para se atingir o sentido. O surgimento recente do método fônico, que considera que "a língua escrita apenas representa[va] os fonemas" (Capovilla, 2005, p. 38) e distingue uma operação de extração da pronúncia, anterior a uma outra, de extração do significado, não muda a antiga concepção da leitura herdada da escrita contínua. Esse método desconsidera as mutações sofridas pela escrita ocidental a partir da introdução do espacejamento. De fato, o espaço branco que delimita a palavra não possui nenhuma correspondência sonora. Trata-se de um grafe — "termo genérico para qualquer unidade de qualquer escrita" (Sampson, 1996, p. 20) — que pode ser considerado ideográfico, ou seja, um grafe que representa diretamente a ideia, sem passar pelo sistema fonético, como por exemplo a abreviação "nº". Consequentemente, nossa escrita atual não é mais apenas alfabética, mas se tornou parcialmente ideográfica, portanto heterogênea.

Existe coerência entre a visão tradicional da leitura e a prática sonora da leitura decorrente da *escrita contínua*. Como essa grafia requeria uma emissão vocal — *uma voz alta* — para atingir a compreensão — ou seja, *para ler* —, o termo *leitura em voz alta* é adequado àquela maneira de escrever. A partir desse modelo, o método tradicional e o método fônico propõem uma "extração da pronúncia" (a decifração no primeiro equivale à decodificação no segundo) antes de "extrair o sentido". Ler é, para eles, uma atividade sonora.

No entanto, é importante destacar uma observação feita pelos adeptos do método fônico. Segundo eles, a escuta do texto não pode ser confundida com uma leitura. O destinatário da *leitura para os outros* (Milton) não lê. De fato, qualquer analfabeto compreende um texto proferido por um mediador, desde que as dificuldades não ultrapassem suas competências linguísticas ou suas capacidades de raciocínio. Através da sua representação sonora, o texto escrito torna-se acessível ao analfabeto. É importante insistir nesse aspecto e esclarecer o equívoco oriundo do termo *leitura em voz alta*. Ele não especifica os papéis dos dois protagonistas: o do proferidor que emite o texto e o do ouvinte que o escuta. Há inclusive pedagogos que falam em *leitura pelos ouvidos*, como se a compreensão pela audição caracterizasse o ato de ler. Esse termo, que não passa de uma metonímia, aumenta a polissemia da palavra *leitura* e não facilita a construção de uma didática do ato de ler no sentido estrito.

Ora, quando a leitura é caracterizada pela "extração da pronúncia" ela se desvincula das maneiras de ler que prescindem da pronúncia, tais como a leitura dos chineses que opera sobre um sistema ideográfico, a leitura das línguas semíticas sem vogais gráficas e a leitura do português pelo surdo (Sacks, 1998). Todos esses exemplos configuram práticas de linguagem que incluem o mesmo procedimento: "tomar conhecimento de um texto" (Houaiss, 2001, p. 1739), isto é, compreender um texto até então desconhecido. Assim, a consideração de que nas escritas alfabéticas a compreensão opera no nível da oralidade e não no da escrita, acarreta, em última análise, a exclusão da leitura ocidental das práticas de linguagem.

No entanto, a *leitura em voz alta* — adaptada à *escrita contínua* — não é a única maneira de entender um texto, nem tampouco a mais eficiente quando se trata da escrita portuguesa contemporânea. Os Parâmetros Curriculares Nacionais consagraram uma outra visão: a leitura silenciosa é a "maneira moderna de ler" (Brasil. Parâmetros, 1997, p. 88) e a compreensão sua finalidade.

Uma observação de Santo Agostinho (século V) nas *Confissões*, esclarece as duas maneiras de entender um texto. Ao observar a maneira de ler de Santo Ambrósio, ele comenta:

> Quando ele lia, seus olhos deslizavam pelas páginas e seu coração procurava o sentido, mas a voz e a língua ficavam em repouso. Visitantes vinham contemplar este prodígio. (McLuan, 1972, p. 28)

Santo Agostinho descreve com precisão a maneira de ler de Santo Ambrósio: um procedimento visual (*olhos deslizavam*) possibilita a elaboração do sentido (*procurava sentido*) mediante operações mentais (*o coração* era a sede da inteligência nessa época), sem recorrer à vocalização (*a voz e a língua ficavam em repouso*). A maneira de ler de Ambrósio corresponde exatamente à nossa leitura visual de hoje. Mas, efetuada com a *escrita contínua* da época, era uma performance tão excepcional que, para Agostinho, um dos melhores escritores do seu século, era considerada um *prodígio.*

Ler e dizer

Queremos nos referir a uma visão da leitura que, em primeiro lugar, possa incluir as práticas tanto de Ambrósio quanto de Agostinho e abranger toda e qualquer língua escrita, seja alfabética ou ideográfica.

No entanto, se não há leitura sem entendimento — tanto Agostinho quanto Ambrósio leem —, é importante acrescentar que a compreensão, sozinha, não é suficiente para definir o ato de ler: escutar um texto proferido — tarefa acessível a um analfabeto — não é leitura. É possível incluir a compreensão na definição da leitura sem considerar, no entanto, que qualquer interpretação seja ato de leitura: *ler é tomar conhecimento de um texto gráfico.* Com essa definição, a *leitura em voz alta* de Santo Agostinho e a leitura *com a voz em repouso* de Santo Ambrósio tornam-se duas maneiras de compreender o texto. A leitura de Agostinho, coerente com a *escrita contínua,* segue o processo duplo de *extração da pronúncia* e da *extração do sentido* reivindicado pelo ONL. Nossa leitura atual recorre a um processo semiótico visual, como fazia Ambrósio, facilitado pelo espacejamento que individualiza as palavras para sua apreensão pelos olhos (Bajard, 2006). Como têm acesso ao sentido, ambos os santos leem, mesmo se recorrem a dois processos distintos.

O termo *leitura em voz alta* utilizado para mencionar uma prática contemporânea, indiscutivelmente gera confusão. Um equívoco trazido pelo uso do termo provém do fato que a expressão se refere a uma atividade solitária (*leitura*), ao mesmo tempo que pode se referir a um ouvinte (*voz alta*). De fato, se depois de ter "tomado conhecimento de um texto" desconhecido, um leitor decide comunicá-lo pela voz ao seu filho, a *leitura* ocorre no primeiro processamento e a "publicação" pela *voz alta* não constitui uma descoberta. Como *leitura* e *voz alta* são, de fato, separadas no tempo, seria melhor desdobrar a expressão: falar de *leitura* para designar a compreensão e falar de *voz alta,* como estamos fazendo, para tratar da transmissão do texto pela voz.

Em publicação anterior (Bajard, 2005, p. 170) identificamos duas práticas distintas do texto escrito. Uma, silenciosa, ocorre no universo da literatura, outra, por convocar uma voz "viva" mediadora entre o texto e o ouvinte, se aproxima do teatro. Para designar esta última, propusemos o termo *dizer,* cuja origem é teatral e remonta ao século XVII. No entanto, como *dizer* é polissêmico, utilizaremos também a expressão *transmissão vocal do texto*. Nela, a emissão vocal assume um papel diferente da *leitura em voz alta* de Santo Agostinho. Para ele, a voz alta servia para compreender o texto, enquanto na transmissão vocal é um meio para torná-lo público. Com uma função comunicativa de tal ordem, a transmissão vocal requer uma compreensão prévia para ser plenamente eficiente.

Mediante a atribuição de um termo específico, *transmissão vocal*, pretendemos, em primeiro lugar, conferir à "voz alta" um estatuto pleno, distinto do ato de ler. Em segundo lugar, nossa intenção é restringir o termo leitura à "compreensão da forma gráfica do texto". A transmissão vocal, endereçada a ouvintes por um proferidor, evidencia a presença concomitante de um emissor e de um receptor — o primeiro *emite*, o segundo *escuta*; nesse momento preciso nenhum dos dois lê.

A voz alta do mediador revela o texto do livro a ouvintes que acabam sendo poupados da tarefa da leitura. Talvez eles não saibam ler, como os analfabetos, não queiram ler, como os espectadores de teatro, ou não possam ler, como os cegos visitados pelo personagem do filme "A leitora" (Deville, França, 1988) que escutam romances através da voz dessa última. Todos eles, mesmo não lendo, usufruem o prazer da literatura mediante a voz alta.

O reconto

Antes de descrever a transmissão vocal de modo preciso, é necessário distingui-la de uma outra maneira de narrar histórias pela voz, com a qual é frequentemente confundida: a contação de história ou *reconto*.

Esta última antecedeu o início da História, marcado pela invenção da escrita. É uma prática cultural tão antiga, que alguns paleoantropólogos a consideram como um dos critérios que permitem caracterizar o *homo sapiens*, já que o reino animal, por não distinguir o passado do presente, não conhece narrativas. A prática de narrar, fundamento da educação de qualquer ser humano, pertence a todas as culturas.

Todas as culturas possuem seus contadores e suas fontes de histórias. *Ilíada* e *Odisseia* foram tradições orais antes de serem fixadas por Homero através da escrita. Grandes narrativas iugoslavas ou africanas (Goody, 1994) chegaram pela via oral até as pesquisas recentes de antropólogos. No Brasil, as tribos tupi-guarani praticam mais o reconto nas suas aldeias do que os cidadãos urbanos paulistanos.

Assim, a contação de histórias é, antes de mais nada, uma prática da oralidade (da *oratura*, para distingui-la da literatura, universo da escrita). O contador transmite a outras gerações estórias recebidas de sua comunidade através de uma estrutura narrativa estável, veiculada por uma forma linguística evolutiva. Os estudiosos mostram que a forma verbal dos grandes mitos, apesar de guardar de modo fidedigno a estrutura do enredo, possui uma flexibilidade linguística que possibilita sua adaptação à especificidade da situação. Mostram que a própria ideia de "permanência" é uma noção adquirida pelo gênero humano graças ao advento da escrita.

A importância do reconto

Sabemos o quanto a ficção é importante na construção da personalidade do ser humano. As histórias são uma maneira de o homem descobrir o mundo, pois "a ficcionalidade é antes um elemento de organização do que de fuga ao real" (Barbosa, 1993, p. 20). A coerência interna do universo ficcional propõe significado para o caos do mundo real. Esse mundo da ficção é eventualmente tão brutal quanto a morte e a violência com as quais a criança pode se deparar em sua vida. No entanto, não traz consequências imediatas para o ouvinte. Ao contrário, propõe meios para interpretar a realidade e oferece também modelos de coragem, afeto, ternura, amizade que norteiam as esperanças e os ideais dos ouvintes.

A riqueza da "contação de histórias" não se limita a seu aspecto cultural. O reconto é uma fonte de enriquecimento da língua, pois propõe um discurso articulado numa complexidade e numa extensão raramente assumidas pela língua corriqueira de todos os dias. Esta última é constituída de interações rápidas, articuladas sobre uma situação que não precisa ser verbalizada, já que é partilhada pelos interlocutores: tempo, espaço, objeto, participantes etc. O contador, ao contrário, tem a necessidade de construir com a língua a totalidade da situação ficcional, ausente da comunicação. Cabe ao discurso assumir a comunicação que o cotidiano confia à situação de interlocução.

O reconto, que no passado era uma arte rural, desapareceu no Ocidente no início do século XX, abrindo espaço para o surgimento das novas mídias, tais como o cinema e a televisão. No entanto, uma nova geração de contadores de histórias relançou, a partir dos anos 1960, a prática do conto nas bibliotecas das grandes cidades americanas e europeias. Diferentemente dos antigos contadores, que recolhiam seu repertório de histórias da boca dos mais velhos, os novos contadores acrescentaram à tradição oral a fonte escrita presente nas bibliotecas.

Se o contador tradicional era um homem do campo que recorria a uma língua puramente oral, o contador atual é urbano e muitas vezes recompõe seu conto a partir da escrita. O repertório dos contadores de nossos dias é, sem dúvida, heterogêneo (Patrini, 2005).

A partir dessa hospitalidade oferecida pelos bibliotecários à atuação dos novos contadores, podemos entender por que o reconto está hoje tão vinculado às bibliotecas e é considerado uma dimensão do letramento. Mas essa filiação cria um equívoco: o reconto não é uma prática da escrita e seu efeito na aprendizagem da língua escrita não pode ser direto.

As manifestações do texto

Se o discurso do contador enriquece a língua do ouvinte, a língua escrita é, nesse sentido, ainda mais potente. O texto escrito utiliza uma língua mais sofisticada — com gramática mais elaborada e vocabulário mais extenso — que a do discurso do contador. Assim, tanto a língua escrita quanto a língua oral do reconto contribuem para o desenvolvimento da língua materna.

Já que a criança não alfabetizada tem acesso ao texto escrito pela escuta da voz de um mediador, faz-se necessário descrever essa escuta e distingui-la do discurso do contador de histórias. Este discurso opera no mundo da oralidade, enquanto a escuta do texto introduz o ouvinte no universo da escrita.

Quando se tem o letramento como objetivo, é imprescindível que a prática norteadora da aprendizagem seja a escrita, alvo não contemplado pela *contação* de histórias. A escuta do texto, ao contrário da escuta do reconto, é uma primeira entrada no mundo da escrita e ocasiona efeitos diretos de letramento.

Como descrevemos em obras anteriores, várias dimensões distinguem a transmissão vocal do ato de ler. O ponto-chave da transmissão pela voz reside na transformação, por um *locutor*, de uma matéria visual em matéria vocal. Não se trata apenas da transformação de letras sucessivas em sons, ou seja, daquilo que fazia a filha de Milton (Capovilla, 2005, p. 20) sem entender a língua grega. Trata-se da tradução da manifestação gráfica — não apenas alfabética — de um texto, em sua manifestação sonora, distinta de uma mera concatenação de fonemas.

No que diz respeito ao texto escrito, utilizaremos daqui por diante a seguinte terminologia:

- o *texto gráfico*, a ser lido, aparece em suporte de papel ou numa tela (do monitor ou do cinema), apreensível pelos olhos;
- o *texto sonoro*, a ser escutado, mina dos lábios do locutor ou de uma aparelhagem de som, apreensível pelos ouvidos;
- o *texto virtual*, libertado de seu suporte, inacessível pelos cinco sentidos, armazenado em memórias — a do computador ou a do cérebro humano —, matriz de ambas as manifestações, *gráfica e sonora*.

O texto escrito

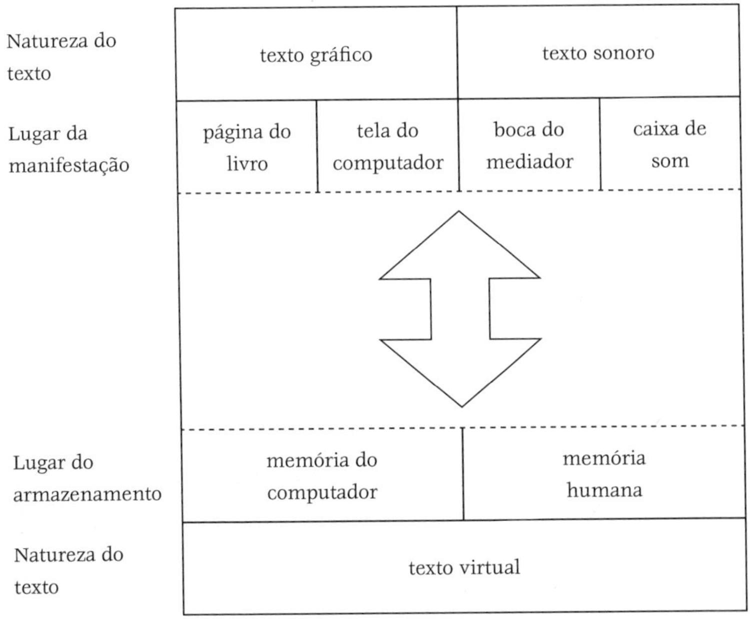

Assim a língua escrita não é mera duplicação da língua oral: o texto sonoro não se reduz à concatenação dos fonemas, tampouco o texto gráfico se reduz à concatenação das letras. A língua escrita possui, além dos grafemas, um código ideográfico, dentro do qual o espacejamento é o elemento mais relevante. O sistema gráfico — que inclui, por exemplo, a maiúscula, sem valor sonoro — é mais amplo do que o sistema alfabético. Por outro lado, na língua oral os fonemas estão embutidos na prosódia, que esconde a individualização de cada um deles, assim como a das palavras.

De fato, recém-alfabetizados que dominam as correspondências entre fonemas e grafemas não conseguem inferir a prosódia em situação de recepção, tampouco segmentar as palavras quando se trata de produção de texto.

Contatos entre o texto sonoro e o texto gráfico

<table>
<tr><td>Texto sonoro</td><td>prosódia</td><td>fonemas</td><td rowspan="2">sem correspondência</td></tr>
<tr><td></td><td rowspan="2">sem correspondência</td><td>correspondência</td></tr>
<tr><td>Texto gráfico</td><td>grafemas</td><td>espacejamento</td></tr>
</table>

A equivalência plena entre texto sonoro e texto gráfico não se dá apenas através das relações fonográficas. Somente a integralidade do texto sonoro (fonemas + prosódia) pode dar conta da coerência do texto gráfico (grafemas + espacejamento). Esta análise gera consequências consideráveis na prática do proferidor. Ela subverte as instruções escolares que exigem "respeitar a pontuação", ou seja, transformar mecanicamente vírgulas e pontos em pausas. Os grafes da pontuação são marcas gramaticais que facilitam o tratamento visual do texto gráfico. Não é a entoação ascendente aplicada de forma mecânica ao ponto de interrogação que manifesta o caráter de pergunta da frase, mas, ao contrário, é a percepção visual do grafe que indica a interrogação a ser traduzida vocalmente.

Traços de teatro

Curiosamente, a passagem do texto pela boca modifica o funcionamento semiótico do texto gráfico (Bajard, 2002,

p. 85). Gostaríamos aqui de destacar um fato, raramente analisado, que esclarece a especificidade da transmissão vocal: trata-se da sua dupla enunciação. Vejamos o texto seguinte:

> O lobo responde ao Chapeuzinho Vermelho: "É porque, agora, vou te comer, menina!".

Neste texto, o sujeito oculto do verbo "vou" remete gramaticalmente de maneira unívoca ao lobo. Ora, quando uma voz assume o discurso direto "vou te comer", a referência se torna ambígua; remete certamente ao lobo, mas introduz uma perturbação na transmissão vocal, pois a voz que emite a frase pertence ao próprio locutor. Trata-se do mesmo processo de metamorfose que sofre o texto de teatro na encenação. É interessante observar que, nesse caso, uma voz feminina não provoca o mesmo medo que uma masculina.

Em "vou te comer, menina!" se superpõem duas enunciações, a do lobo e a do proferidor. Ao pronunciar as palavras de um personagem, o locutor as assume publicamente, quer sejam louváveis ou condenáveis. A substituição de uma matéria visual por outra, sonora, acrescenta um segundo enunciador que desestabiliza a relação do ouvinte com o personagem.

Na proferição da fala do personagem existem alguns traços de uma *representação* que apenas no teatro será completamente assumida. O primeiro traço se origina na intervenção de linguagens corporais, como o gesto e o olhar, que se cruzam com a língua do texto. O segundo provém de uma modificação do funcionamento das próprias referências textuais.

A transmissão vocal transforma a permanência do texto em ato efêmero e único. O texto gráfico permanece sempre idêntico diante dos olhos do leitor, enquanto a voz do locutor é sempre nova aos ouvidos do ouvinte. Zumthor (2000) afirma que uma *performance* transforma o texto escrito em *obra*. A presença dos corpos impõe à comunicação uma nova dimensão sensível e afetiva. A singularidade de cada performance explica uma parte do prazer inédito, sempre renovado, vivido pela criança que pede outras proferições do mesmo texto.

Leitura prévia

Na medida em que necessita da compreensão para ser eficiente, a transmissão vocal exige do locutor "tomar conhecimento do texto" antes da proferição. De fato, é difícil atribuir um tom expressivo a uma passagem se o encadeamento dos eventos da história e seu desfecho não são conhecidos. A dificuldade ocorre não somente no nível do texto, mas também no da frase. Como, por exemplo, marcar a entoação de uma pergunta, se o ponto de interrogação é apreendido visualmente apenas ao fim da frase? Uma atividade solitária de desvelamento da narrativa é desejável antes do confronto com os ouvintes. A leitura que desvela o texto e a voz alta que o publica tornam-se mais efetivos quando ocorrem sucessivamente.

Eventualmente a proferição pode ocorrer sem leitura prévia. Neste caso, a performance sofre algumas limitações, já que envolve quase simultaneamente dois processos distintos. No entanto, mesmo nesse caso a *voz alta* não é concomitante à compreensão, mas ligeiramente defasada. Durante a passagem de um fragmento do texto pela boca do locutor, os olhos já tratam antecipadamente o fragmento seguinte para compreendê-lo. Uma transmissão vocal sem leitura antecedente exige grande habilidade e, mesmo assim, leva a performances limitadas.

A história em imagens

A divulgação da literatura infantojuvenil permitiu a expansão da prática tradicional da transmissão vocal do texto. No entanto, mesmo se a descrevemos de uma maneira original, a transmissão vocal não é uma prática nova. Até o século passado nas aldeias europeias o arauto tinha a responsabilidade de proferir nas ruas os textos oficiais do poder público. Essa maneira de publicar os textos pela voz fazia com que todos os habitantes, alfabetizados ou não, tivessem acesso à informação.

Por que a literatura infantojuvenil, que já existia na época de Madame de Ségur, teria se desenvolvido de maneira tão rápida e intensa nos anos 1980? Existe, sem dúvida, uma multiplicidade de fatores. Um deles é a tomada de consciência, na segunda metade do século XX, da especificidade do universo infantil, graças em parte à contribuição da psicanálise. A criança passou a ser considerada como ser humano complexo, deixando de ser encarada como simples devir. Essa nova visão levou os autores a integrar às temáticas tradicionalmente endereçadas às crianças, tais como o mundo dos animais e da fantasia, outras questões antes excluídas, como a sexualidade, a morte, a violência. Às transformações de ordem temática correspondeu uma adaptação da língua escrita às capacidades de linguagem do público infantil.

Essa atenção às habilidades dos leitores iniciantes se deu concomitantemente à expansão do mundo da imagem na mídia: cinema e televisão. As novas tecnologias da imprensa, baseadas em procedimentos de fotocópia, facilitaram a reprodução da imagem colorida. Jornais e revistas atribuíram mais espaço a essa última. Mas a literatura infantil tinha uma razão suplementar para se apropriar das ilustrações: a imagem é diretamente acessível ao analfabeto.

As ilustrações que cem anos atrás eram apenas enfeite do livro, respiração para arejar a massa textual, acabaram ocupando um espaço maior do que o texto. Chegaram mesmo em algumas obras a se apresentarem sozinhas (Lago, 1994).

O predomínio da ilustração se desdobrou, de fato, em dois gêneros literários distintos. De um lado a literatura infantil revelou-se na expansão da história em quadrinhos. Conhecemos obras famosas que pertencem a esse gênero. Fazem parte dele, *Mônica* (personagem criado por Mauricio de Sousa em 1963) no Brasil e muitas outras na Europa tais como *Tintin* (criado por Georges Remi, conhecido como Hergé na Bélgica em 1929), ou a francesa *Bécassine* (personagem criado por Joseph Pinchon em 1905 na França), ainda mais antiga. Muitas vezes essas histórias são publicadas em revistas antes de ser difundidas em livros. Na história em quadrinhos clássica, a narrativa é sequenciada em vários quadrinhos de tamanho igual na mesma página e a relação entre texto e desenho obedece a um código fixo: a narração é separada da imagem, enquanto os diálogos aparecem em balões.

De outro lado, a imagem se instalou dentro do livro, criando com o texto outra modalidade de aliança, menos codificada, mais evolutiva. Nasceu outro gênero, o álbum de imagens, no qual o desenho se expande pela página dupla ou se restringe a um espaço menor do que ela, sem obedecer a qualquer código preestabelecido, forçando o formato do texto a uma grande plasticidade. O termo provém do nome de uma coleção de histórias lançadas na França por Paul Faucher em 1931 antes da Segunda Guerra Mundial, *Les Albums du Père Castor*.

A obstinação e a dedicação à educação de editoras como *L'école des Loisirs*, na França, acompanhadas por editoras brasileiras tais como *Brinque-book* ou a *Companhia das Letrinhas* abriram oportunidades para que ilustradores de talento criassem obras originais. O álbum adquiriu então um caráter estético relevante e se tornou o gênero mais fértil da literatura infantil.

Seria interessante compreender como o gênero álbum suplantou no mercado editorial as histórias em quadrinhos, mais utilizadas em revistas. Será porque — argumento oriundo da produção — a flexibilidade do álbum deixa mais liberdade aos autores do que o código menos maleável das histórias em quadrinhos? Será porque — argumento fundado nos leitores — os códigos do álbum são mais legíveis do que os da história em quadrinhos?

Como agora a literatura infantil recorre à imagem não como mera ilustração do livro, mas enquanto suporte narrativo, o desenho ganhou uma função de linguagem narrativa. Graças a ela, o livro se torna passível de interpretação pelos jovens ainda analfabetos, tarefa que a ilustração antiga não podia assumir.

Obra integral

O Brasil tem a chance de possuir dentro de sua literatura infantil publicações de qualidade, em alguns casos verdadeiras obras de arte. Se não é qualquer livro de literatura que tem vocação para interessar as crianças — o próprio Saramago escreve textos específicos quando se endereça a elas — podemos afirmar que um belo livro de literatura infantil sabe também seduzir o adulto.

Como a imagem do álbum é suporte da narrativa, cabe ao mediador de leitura apresentar a integralidade da obra, ou seja, suas duas matérias visíveis, tanto a ilustração quanto o texto gráfico, este ainda não acessível. Além disso, cabe também ao mediador transmitir a literalidade das palavras, sem adulterar a obra artística com falas alheias a ela.

Não se trata de condenar o reconto de uma história oriunda do livro, pois ele é uma prática regular dos contadores. Contudo, quando a instalação de bibliotecas e o investimento necessário à compra de livros são tão onerosos para a sociedade, por que fazer com o livro o que seria possível fazer sem ele? Se a educação à cultura do livro necessita a apresentação integral da obra literária, torna-se imprescindível, quando o livro está presente, saber aproveitá-lo.

Assim, uma nova oferta editorial passou a atender a uma demanda ampliada. Hoje pais letrados compram livros para seus filhos pequenos, inclusive bebês. O poder aquisitivo das famílias sensíveis a esse novo tipo de publicação facilitou a criação de um círculo virtuoso entre demanda e produção. Atualmente no Brasil o número de livros publicados para a juventude ultrapassa o dos livros para adultos.

Acessível ao analfabeto

Graças à presença de uma narrativa constituída por imagens, o livro de literatura infantil se torna objeto de curiosidade dos jovens ainda analfabetos. O fio narrativo icônico propicia a entrada na ficção a pessoas não alfabetizadas. São publicados álbuns que atraem a curiosidade dos bebês pelo fascínio de suas imagens. O livro se curva ao desejo do jovem público; o suporte se diversifica: o livro de tecido resiste aos gestos desajeitados, o de plástico à água da banheira. Ao fazer surgir uma terceira dimensão, a dobradura facilita o contato sensível. Antes destas invenções editoriais, a descoberta das histórias do livro era permitida exclusivamente pela tradução do texto gráfico em texto sonoro por um mediador.

Por permitir uma exploração direta do livro, o álbum de imagens possibilita uma abordagem precoce da literatura infantil. Desde os primeiros anos da sua vida, a criança, imersa nos livros, é convidada a interpretar uma primeira linguagem — visual — que, apesar de exigir aprendizagens, não requer alfabetização. Trata-se de uma mudança profunda no que diz respeito à literatura dos anos 1950, que necessitava o domínio da escrita.

No entanto, não é apenas a ilustração que se expõe aos olhos do futuro leitor, mas a "edição" do texto também o faz. A forma visual apreendida é constituída pelo conjunto, ilustração e texto gráfico. Este último se revela assim ao olho antes de permitir qualquer outra operação, ou seja, é percebido, inicialmente, por meio da sua forma imagética. Ainda não "legível" pela criança, ele se insere nas ilustrações. O texto, assim como a ilustração, forma imagem.

É importante levar em conta a experiência precoce da criança que aborda a língua escrita a partir da forma visual do texto e perceber que a entrada na linguagem escrita, ou seja o letramento, se inicia antes que ela reconheça a dimensão alfabética. A esse respeito, cabe notar a polissemia da expressão "artes gráficas", que remete tanto à escrita quanto ao desenho. Veremos em seguida como é possível expor a forma gráfica da página e o texto sonoro, simultânea ou alternadamente.

As imagens do álbum abrem um primeiro acesso direto e autônomo ao usuário. As ilustrações lançam uma ponte rumo ao texto gráfico. Seduzida pela narrativa icônica, a criança é levada a levantar hipóteses sobre as formas do texto gráfico. O livro do passado não exercia essa atração visual. A voz do mediador esgotava o conteúdo do livro. Uma vez realizada a escuta, o texto não tinha mais nada a oferecer. Em lugar de atrair o ouvinte para o livro, a escuta podia poupá-lo da necessidade de ler. Hoje, as imagens impedem a fuga do olhar para longe da narrativa gráfica. Elas o cativam, antes, durante ou depois da transmissão vocal, que, por si mesmo, não exaure mais a fonte de prazer que constitui o livro. A invasão da imagem reintroduz no livro a dimensão visual que a escuta pode negligenciar. Por essa razão, falaremos de *nova literatura infantil* e guardaremos o termo de literatura infantojuvenil para os livros nos quais a imagem assume apenas a sua função ilustrativa anterior.

* * *

Neste percurso através dos vários acessos à narrativa, utilizamos diferentes critérios para identificá-los. Entre as narrativas escutadas, distinguimos as que remetem ao mundo da oralidade — o reconto — daquelas que se originam no texto do livro e constituem o universo da língua escrita. Os dois tipos assumem um papel fundamental na educação, mas, se a primeira enriquece a cultura da criança e sua língua oral, apenas a segunda está diretamente ligada à aprendizagem da língua escrita, ou seja, à alfabetização. Classificamos por outro lado as narrativas em função do órgão do sentido envolvido. O ouvido é solicitado pela escuta do texto, enquanto a leitura e a interpretação das imagens solicitam o olhar. A leitura requer uma alfabetização, ao passo que escuta e imagem prescindem de longa aprendizagem por parte do iniciante.

A generalização do uso da imagem pela literatura infantil possibilitou portanto um acréscimo do número de seus destinatários. Em lugar de ser um tesouro endereçado apenas a crianças capazes de ler, ou àquelas que têm o privilégio de contar com a dedicação de um mediador, o livro da nova literatura infantil está aberto a todas elas. Se no passado, apenas a via indireta da *escuta* era acessível ao analfabeto, há cerca de cinco decênios abriu-se uma via direta para o livro, pelo uso sistemático da imagem.

Uma vez que o professor não é mais o propiciador da iniciação à escrita — já que as crianças encontram os livros de literatura infantil nos primeiros meses de vida — constatamos que estamos diante de uma situação nova que provoca transformações na abordagem da alfabetização. As crianças ingressam na escola com um repertório de narrativas que não se restringe às histórias contadas, mas inclui narrativas escritas. Não somente possuem um repertório ampliado, como conhecem alguns rudimentos do funcionamento da língua escrita.

Capítulo 2

A sessão de mediação: um dispositivo engenhoso

O encontro da criança com os livros abre o mundo da língua escrita, ou seja, de uma outra linguagem. À riqueza da língua oral se acrescenta a da língua escrita que, por sua vez, vai participar da educação da pessoa em todas as suas dimensões, imaginária, científica, espiritual, cívica, mas também linguageira e cognitiva.

O conteúdo desse livro não pretende tratar profundamente todos os aspectos da entrada na cultura da escrita. Sem menosprezar outras abordagens que têm legitimidade para trazer contribuições, adotamos um ponto de vista comunicacional no qual a língua recebe um enfoque central.

Literatura infantil

Apesar de ser constituída majoritariamente por ficção, a literatura infantil não é monolítica, e os livros endereçados à juventude pertencem a vários gêneros. Ao lado dos contos e mitos tradicionais existem outras narrativas com personagens contemporâneos. Até os personagens tradicionais sofrem mutações. Apesar de se apresentar na tradição oral em várias versões, o Lobo do *Chapeuzinho Vermelho* reaparece como personagem renovado no qual sua função consagrada é subvertida.

Mas a literatura infantil reúne também livros de Ciência ou de História; pode apresentar o nascimento da escrita ou a defesa da floresta amazônica. Outras obras trazem a público correspondência entre amigos, receitas de cozinha ou apresentação de uma cidade. Incluem-se também na literatura infantil revistas especializadas tal como *Ciência Hoje das Crianças* (do Instituto Ciência Hoje de Rio de Janeiro), entre outras. Salientamos o interesse de apresentar a escrita através da variedade de seus gêneros, pois a criança a encontra também fora da literatura, em artigos de jornal, bulas farmacêuticas, cardápios de restaurantes, cartazes nas ruas etc.

No entanto, se é desejável sensibilizar a criança aos diferentes tipos de textos, não se pode atribuir a todos, indistintamente, a mesma relevância sem correr riscos de apenas render tributos a um modismo. Nem todos os gêneros possuem o mesmo interesse para as crianças. A riqueza do texto de ficção não equivale à trivialidade da bula de medicamentos. A ficção tem um papel central na construção da personalidade infantil, papel com o qual outros gêneros não podem concorrer. De fato a criança precisa, desde muito cedo, constituir para si um universo imaginário, chave da interpretação do mundo real.

Se o papel da ficção é tão relevante no desenvolvimento de qualquer ser humano, as crianças de meios carentes, sem livros em casa, têm necessidade, além da escuta das histórias contadas, de encontrar a literatura infantil fora da família. Nesse ponto preciso pode intervir a figura de um adulto que se substitui à família e *apadrinha* a iniciação à cultura letrada, como veremos adiante.

Quando a fome de ficção não é nutrida pela literatura por falta de acervo ao alcance da criança, a novela de televisão acaba ocupando o lugar do livro, como ocorre com a maior parte da população brasileira. Imprescindíveis (Mello e Souza, 2004, p. 130) na vida dos adultos, os mundos ficcionais o são ainda mais na educação, já que o jogo, a brincadeira, enfim o modo lúdico é o primeiro caminho de conhecimento da infância. A literatura infantil deve ocupar um espaço significativo junto às crianças, na escola e fora dela, e para isso cabe iniciar a convivência com o livro desde os primeiros meses de vida.

A conquista da obra literária pela imagem acarretou uma mudança na aproximação do livro. Paradoxalmente, no entanto, essa mutação não nasceu na escola, mas na sociedade, tendo como origem o surgimento de um novo mercado de livros endereçados à infância.

O anfitrião da criança no mundo do livro é agora uma pessoa exterior à escola: a mãe, o pai, a avó, o bibliotecário, o educador. Daí o uso do termo *mediador de leitura* para designar a pessoa que se interpõe entre o texto e o receptor, tendo em vista facilitar sua recepção.

A sessão de mediação

Partindo dessa mudança vivida pelas novas gerações, gostaríamos de explicitar como é possível acompanhar a educação do jovem leitor antes dos seis anos de idade, tendo em vista desenvolver precocemente uma cultura da escrita, terreno fértil para uma aprendizagem da língua escrita.

Antes de elucidar as primeiras aprendizagens realizadas pelas crianças que se beneficiam de uma familiarização com livros, gostaríamos de descrever um dispositivo formal que possibilita essa aproximação, chamado "sessão de mediação". Ele foi elaborado pela instituição *A Cor da Letra* (Centro de Estudos, Pesquisa e Assessoria em Leitura e Literatura infantil, São Paulo) no decorrer de suas atividades de formação de "mediadores de leitura" dentro de projetos desenvolvidos em diferentes pontos do Brasil. Nossa colaboração dentro dessa formação de mediadores deu-nos a oportunidade de explicitar os meios utilizados nessa iniciação à escrita e de teorizar essa prática.

O livro, recurso imprescindível à cultura do cidadão contemporâneo, deveria ser acessível a todos o mais cedo possível. Por ficarem distantes da literatura infantil até seu ingresso na escola, as crianças de meios menos favorecidos sofrem prejuízo em relação às crianças da classe média. Como a escola recebe as crianças apenas com seis anos, ela não pode ser a única responsável pela cultura da escrita. *A Cor da Letra* se dedica às crianças que não herdam essa cultura da família. A mediação de leitura que ela proporciona tenta reduzir essa desigualdade cultural.

As sessões de mediação propiciam encontros de crianças com o livro a partir de alguns meses de idade, em lugares diversificados, tais como pátios de internato, jardins, creche, hospital etc. São programadas, de maneira regular ou pontual, em torno de um acervo móvel de livros de qualidade. As sessões são conduzidas por estudantes voluntários do ensino médio ou da universidade, dispostos a dedicar uma parte de seu tempo às crianças de famílias iletradas. De forma a poder atendê-las de maneira adequada, recebem uma capacitação para se tornarem *mediadores de leitura*.

Os encontros oferecem uma presença educativa em lugares seguros a crianças que conhecem apenas a rua como lugar de brincadeira. Mediante este acompanhamento educacional, desvelam as riquezas da literatura infantil, desconhecidas na família ou no bairro, sensibilizando as crianças ao funcionamento da língua escrita, linguagem determinante para sua inserção social.

Protocolo

A *sessão de mediação* propiciada por *A Cor da Letra* reúne um grupo de crianças, alguns mediadores e um acervo de literatura infantil constituído por um número de livros de ficção maior do que o de crianças. Ela começa por uma brincadeira coletiva seguida pela disseminação do acervo no chão. A brincadeira assume um duplo papel: ritual que visa congregar o grupo, introduz os participantes em um mundo lúdico em ressonância com a ficção presente nos livros.

O resto do tempo é dedicado à exploração do acervo. As crianças escolhem livros, brincam com eles, folheiam os exemplares, trocam os volumes entre si. Concomitantemente, dentro do mesmo ambiente, cada criança tem ocasião de pedir a um mediador para que lhe revele, pela voz, o texto do livro. Depois de cerca de 45 minutos, os exemplares são guardados e uma atividade coletiva de despedida encerra a sessão.

Estruturada no tempo, a sessão de mediação é também marcada pelo espaço. A presença dos mediadores delimita simultaneamente *polos de mediação* e em meio a eles, no vazio, *espaços de autonomia*. A cada momento a criança pode optar pela autonomia ou pela mediação. No primeiro caso, escolhe o livro, manuseia-o, explora-o, sozinha ou em grupo; no segundo, escolhe um mediador para solicitar uma transmissão vocal. Como se enfatiza a língua escrita, o reconto é excluído da sessão de mediação; o que se deseja é que a história seja transmitida "exatamente como está escrita, que ela não seja contada com as próprias palavras do mediador" (Abrinq, 2005, p. 50).

A criança permanece com o mesmo mediador durante a sessão inteira ou escuta vários deles sucessivamente. Interessa-se por um único livro ou por muitos. A flexibilidade desse dispositivo se curva às motivações, capacidades, demandas afetivas diversas do jovem público. A pluralidade das alternativas multiplica as situações de aprendizagem e a alternância entre elas se adapta à atenção fugaz dessas faixas etárias.

O dispositivo coloca em efervescência as duas matérias por meio das quais o texto escrito pode se apresentar — a *gráfica* e a *sonora* — e possibilita a experimentação dos dois acessos à escrita que descrevemos no capítulo anterior. De um lado a criança explora corporalmente e sem mediação o livro pela *visão*, pelo tato e pelo olfato. De outro, o conteúdo do livro é revelado pela voz do mediador.

O número de mediadores muitas vezes chega a três, tendo em vista diversificar as interações. Porém alguns eventos reúnem até cem crianças e quinze mediadores. Esses últimos ficam disponíveis em diferentes pontos do ambiente para atender os pedidos de transmissão vocal. No espaço intermediário, afastadas dos mediadores, as crianças escolhem, manipulam, percorrem, trocam os livros e inventam brincadeiras.

O esquema seguinte mostra como os *polos de mediação* e os *espaços de autonomia* contemplam as duas modalidades de acesso ao livro.

Espaços da sessão de mediação

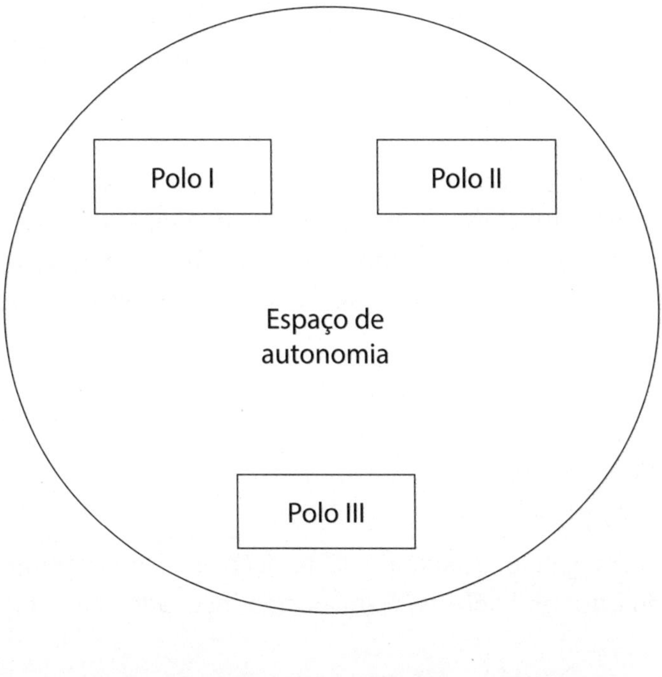

Posturas

Se autonomia e mediação são claramente marcadas no espaço, é necessário destacar que a escuta do texto não exclui o acesso visual. De fato, a habilidade do mediador, como veremos nos capítulos posteriores, permite à criança vislumbrar o livro aberto durante a escuta do texto. Da postura adotada pelos participantes, mediador e ouvintes, depende o tipo de acesso visual explorado pelo ouvinte.

A aproximação física entre os corpos do mediador e das crianças é uma variável que possibilita uma classificação das posturas.

A criança no colo

O corpo da criança está aconchegado no regaço do adulto. Ambos possuem o mesmo ponto de vista sobre a página aberta do livro. A comunicação opera tanto pela voz quanto pelo contato da pele. Essa situação se assemelha à da amamentação. As palavras cochichadas *penetram* no ouvido. A criança vislumbra simultaneamente as imagens e o texto gráfico. Estão abertos os dois acessos ao texto, escuta e visão.

A criança ao lado

O aspecto "fusional" da relação no colo é rompido, dado que mediador e criança estão instalados lado a lado.

Mantém-se o mesmo ponto de vista da postura "no colo" em relação ao livro. Quando várias crianças estão instaladas ao lado do mediador, nenhuma delas retém sozinha sua atenção. Estabelece-se uma hierarquia entre elas em relação ao grau de aproximação com o mediador. Apesar de cada uma desejar se manter o mais próximo possível dele, deve partilhar seu afeto com os colegas. O número de ouvintes pode dificultar a visão das páginas, em razão do afastamento do livro. No entanto, é frequente observar crianças que apenas escutam a voz do mediador, sem fazer questão de olhar as ilustrações. Essa distância em relação ao polo de mediação em muitos casos manifesta falta de atenção, mas pode também ser interpretada como um ganho em autonomia, oriundo da separação do contato corporal com o adulto.

Face a face

Em vez de estar ao lado do mediador, o ouvinte fica à sua frente. O número de ouvintes pode variar de um até muitos. Nessa situação, as crianças não têm acesso às imagens do livro nas mãos do mediador, a não ser que ele seja exposto por um gesto específico. Contrariamente à postura no colo, esta disposição possibilita a intervenção de linguagens não verbais, como olhar e gestos.

A separação entre o mediador e seus ouvintes pode ser materializada apenas por um espaço vazio, por uma mesa ou por uma diferença de nível, como um degrau. A postura escolhida pelo mediador, sentado ou em pé, interfere na atuação e acarreta expressividade à performance: tom de humildade da Gata Borralheira ou de arrogância da Madrasta, por exemplo.

Nesta descrição do protocolo da sessão de mediação, procuramos ir além de uma visão estritamente linguística. Levamos em conta, na observação da prática dos mediadores, as condições temporais e espaciais do decorrer da sessão. A disposição dos protagonistas, dentro do espaço e entre si, cria condições para o aparecimento de atividades solitárias ou de comunicação pelo contato, pelos olhos, pelos gestos.

Entre a criança sentada no colo do mediador e a criança inserida em uma plateia, variam a dimensão afetiva e a comunicação. Na passagem da primeira à segunda postura, afastam-se os corpos, aumenta o grau de autonomia e amplia-se a capacidade de estabelecer uma relação simbólica e solitária com o mundo do livro. Assim sendo, a sessão de mediação desenvolve nas crianças atitudes necessárias à educação do leitor.

A transmissão vocal do texto

Depois de uma primeira observação sistemática da atuação dos mediadores de *A Cor de Letra*, que permitiu o levantamento das posturas por eles adotadas, uma segunda observação, focalizada sobre a dimensão puramente comunicativa, nos levou a identificar os componentes semióticos da transmissão vocal.

Como esta última opera não somente através da linguagem verbal, mas recorre também a linguagens corporais, estudamos o conjunto dos meios comunicativos utilizados pelos mediadores. Percebemos que alguns deles apareciam sempre, enquanto outros surgiam apenas de maneira esporádica. Alguns pertenciam a qualquer transmissão vocal, outros àquela, singular, realizada pelos mediadores em determinada sessão.

Por aparecerem de maneira regular na transmissão vocal dos mediadores, quatro componentes foram considerados estruturantes: a extração do texto pelos olhos, a emissão vocal, o olhar endereçado ao ouvinte e a exposição do livro ao público. Na medida em que os demais componentes não apareciam com a mesma frequência, foram considerados conjunturais. Chamamos esses quatro componentes de "gestos" da transmissão vocal. É interessante destacar que dois remetem à língua, — extração e emissão vocal — e outros dois — olhar e exposição — a linguagens corporais.

A emissão

A emissão é o gesto central da transmissão vocal. Os critérios linguísticos utilizados na avaliação tradicional da *leitura em voz alta* permanecem aqui pertinentes, mas devem ser complementados, dado que caracterizam apenas a materialidade sonora da emissão. Podemos detalhá-los:

- Características da sonoridade
  - *Volume*. Corresponde no plano acústico à amplitude do som. O volume se adequa à situação dos ouvintes (número, distância), à especificidade do texto (grito ou cochicho do personagem) e à afetividade nele manifestada (temor, ternura).

— *Altura*. Corresponde no plano acústico à frequência do som. É marcada pelas características da voz do mediador: a mulher, por exemplo, possui uma voz mais alta do que a do homem.

— *Timbre*. Corresponde no plano acústico ao número e à qualidade dos *harmônicos*, isto é, os sons elementares que compõem a voz; o timbre é agudo, quente, seco, duro etc.

— *Acento*. Característica da palavra pelo destaque — intensidade, duração, volume — atribuído a uma sílaba: oxítona, paroxítona, proparoxítona.

- Elementos que operam no nível da frase ou do texto

— Ritmo: constante ou irregular;

— Velocidade;

— Pausas entre segmentos do texto, regulando o fluxo da voz, suscitando antecipações, exacerbando o suspense;

— Variabilidade ou regularidade do conjunto dos elementos no decorrer da emissão;

— Melodia e sotaque.

Todos esses componentes, presentes também no discurso oral, constituem a *prosódia*. No entanto, a prosódia está ausente do texto gráfico. Uma das limitações da eficácia da decifração em leitura surge exatamente da necessidade de inferir a prosódia, que a transformação dos grafemas em fonemas não traz à tona. Não é raro ver uma criança pronunciar uma sequência de fonemas sem identificar a palavra oral correspondente, porque não consegue acertar a prosódia. Por exemplo, uma criança pode decifrar, durante uma festa, as duas sílabas /bo/ /lo/ inscritas em uma caixa, sem conseguir identificar a palavra "bolo".

O resgate

Com os olhos, o mediador varre o texto para extrair um fragmento e armazená-lo em sua memória de curto prazo, até o momento de emiti-lo pela boca. Existe uma defasagem, embora mínima, entre essa extração visual e a emissão vocal. Quando o mediador não conhece o texto, essa extração de um fragmento se superpõe ao ato de leitura, na medida em que ela é acompanhada de um processo de compreensão. No entanto, uma transmissão vocal não informada pelo conhecimento integral da narrativa raramente resulta em uma performance significativa.

O mediador é convidado a tomar conhecimento da narrativa, isto é, a lê-la antes de a sessão de mediação acontecer. Dado que ele já conhece o texto no momento da transmissão vocal, a extração do fragmento não corresponde a um ato pleno de compreensão; ela não coloca em jogo o conjunto das operações cognitivas mobilizadas pela descoberta do texto, ou seja, pelo ato de ler. O trabalho ocular apenas ativa a memória literal do texto previamente conhecido. É por esta razão que chamamos de *resgate* a extração de um trecho do texto por meio de uma exploração visual rápida. Resgatado, o fragmento é emitido pela boca, enquanto os olhos se tornam disponíveis para olhar o público ou resgatar outro fragmento e assim por diante. Na transmissão vocal do texto, a compreensão antecede o resgate, enquanto na decodificação a compreensão é posterior à emissão.

Como uma transmissão de qualidade exige uma leitura antecipada, a eficiência do *resgate* se torna um indicador do conhecimento do texto. Alguns mediadores habilidosos conseguem até resgatar fragmentos com o livro aberto de ponta-cabeça no seu peito, isto é, captar o texto invertido. Quando estão convencidos de que a qualidade da transmissão vocal depende do conhecimento prévio do texto, os mediadores fazem questão de ler previamente os livros antes de atuar.

Às vezes, observamos efeitos surpreendentes em leitores inexperientes. Quando, por exemplo, por não dominarem a leitura, não conseguem tomar conhecimento da narrativa de maneira autônoma, alguns mediadores adolescentes – e esse é um belo exemplo de *pedagogia mútua* – pedem ajuda de colegas. Depois da história compreendida graças à escuta, transmitem-na, por sua vez, às crianças. Essa necessidade de conhecer os textos para transmiti-los pela voz leva os mediadores a praticarem a leitura fora da própria sessão de mediação. Muitos deles se referem, em relatórios escritos, à sua transformação pessoal em leitores graças às exigências acarretadas pela mediação de leitura.

O olhar

Os olhos, apesar de serem mobilizados pelo *resgate*, podem, no leitor veloz, se libertar do livro para se endereçar ao público, seja a um ouvinte único, seja a um grupo inteiro. Reservamos o termo *olhar* à comunicação visual entre os protagonistas da transmissão vocal: emissor/ouvintes. Com essa nova atribuição, os olhos cumprem duas funções sucessivas e exclusivas: durante o resgate, se dedicam à materialidade gráfica; libertados dela, se endereçam à interação com o público.

A riqueza da presença do mediador reside na comunicação visual que instaura com os ouvintes durante uma pausa ou durante a *emissão*. Por isso, os olhos têm que encerrar rapidamente a operação de resgate para se libertarem do livro. Quando, além da emissão, existe uma comunicação visual, se acrescenta a sedução do olhar à musicalidade da voz. O mediador que não usa o *olhar* não aproveita plenamente a comunicação "ao vivo". Ele se ausenta da transmissão, como acontece no rádio. Ao contrário, o locutor que conhece o texto de cor, por estar liberado do *resgate*, dedica plenamente o *olhar* e a gestualidade à comunicação. A memorização completa do texto é uma alternativa para o analfabeto que não pode ler, mas se dá também por opção estética quando se trata, por exemplo, de um ator no palco.

É interessante notar que a transmissão com texto decorado e com texto nas mãos são, ambas, praticadas no teatro. Enquanto a primeira é considerada atuação plena, a segunda é chamada de "leitura dramática", para marcar a dependência do ator em relação ao texto gráfico. No entanto, trata-se, nos dois casos, da manifestação vocal do mesmo texto escrito. Em ambas as situações ela é endereçada a um público ouvinte, e a emissão vocal é posterior à compreensão do texto gráfico, ocorrida em um ato solitário anterior de leitura. Também na área da poesia, em saraus ou em jograis, a transmissão é praticada com o poema em mãos ou gravado na memória. Se apenas o leitor pode transmitir vocalmente um poema sem memorizá-lo, todos, alfabetizados ou não, crianças ou adultos, podem dizer um texto decorado.

A exposição

Já mencionamos que uma nova literatura infantil nasceu quando o livro voltado às jovens gerações passou a integrar uma narrativa icônica à língua escrita. A história do livro se desvela agora diretamente às crianças não alfabetizadas. Como o livro se tornou "bilíngue" — ilustração e texto gráfico —, a narrativa pode emergir diretamente da imagem, satisfazendo de imediato o leitor iniciante. Nessas circunstâncias, a revelação do texto tende a se tornar prescindível.

Quando o mediador mostra as páginas do álbum, o conjunto gráfico imagem/texto se deixa conquistar pelos olhos das crianças analfabetas. A matéria gráfica do texto desde então cumpre seu papel de matéria a ser lida. Simultaneamente, a voz do mediador revelando o texto sonoro vincula-o ao conjunto ilustrações/texto gráfico mediante a *exposição* do livro, que constitui nosso quarto gesto.

Vimos no protocolo da sessão de mediação que cada postura oferece à criança um ponto de vista específico sobre o livro. Na postura *no colo*, o ponto de vista é idêntico para o mediador e o ouvinte. Quando quem emite está *de frente*, é necessário um gesto específico para expor o livro ao público.

Mostrar imagens e textos do livro legitima-se de várias maneiras:

- oferece acesso à *obra* completa, composta por um conjunto de matéria icônica e de *texto gráfico*;

- oferece acesso à dimensão icônica do *texto gráfico*, já que o texto adquire, no álbum, valor de imagem;
- oferece acesso à dimensão tipográfica que possibilita as primeiras identificações (travessão, maiúscula, parágrafo), atribuindo à transmissão vocal uma função de letramento e iniciação à leitura.

A identificação dos quatro "gestos" — *resgate, emissão, olhar, exposição* — assim como o seu domínio, contribuem para transformar a transmissão vocal em instrumento central da sessão de mediação.

A estratégia, uma combinação de gestos

Conforme a situação e as suas habilidades, os mediadores combinam de maneira diferenciada esses quatro gestos. Assim, a *exposição* do livro pode ser efetuada durante a *emissão* de um fragmento textual ou depois dela. No primeiro caso, *emissão* e *exposição* operam simultaneamente; no segundo caso, se dão em sequência.

A combinação dos gestos se adapta à situação de comunicação. A presença do olhar, por exemplo, aumenta a fascinação da criança pela transmissão. No entanto, o número de combinações não é infinito. Denominamos aqui *estratégia* uma determinada configuração dos quatro gestos. Após termos detectado uma dúzia de estratégias, podemos descrever nestas páginas apenas as mais relevantes.

Uma vez que os gestos podem aparecer em sequência, recorremos à metáfora do *tempo* da música para distinguir estratégias em *tempo único* e estratégias em *dois tempos*. Dentro do mesmo *tempo*, vários gestos aparecem juntos. Mas, como os olhos não podem assumir concomitantemente *resgate* e *olhar*, a presença desses dois gestos na transmissão vocal marca a estratégia em *dois tempos*: o primeiro corresponde ao *resgate* do texto; o segundo, ao *olhar* dirigido ao público.

a) Estratégias em um tempo

- Quando o livro não possui texto, os olhos se dedicam completamente ao público. Não existe *resgate* nem tampouco *emissão*. O mediador *olha* o público durante a *exposição* das páginas. Essa estratégia se reduz a dois gestos.
- Quando o ouvinte está ao lado do mediador ou no seu colo, *resgate* e *emissão* ocorrem durante a *exposição*. Não há *olhar*, mas o contato entre os corpos e a penetração da voz no ouvido instaura entre mediador e criança uma relação de "fusão", distinta da situação de solidão inerente ao ato de ler.

1	✓ resgate	✓ emissão	olhar	✓ exposição

b) Estratégias em dois tempos

Os dois tempos são marcados pela mudança de função do olho, que passa do livro, *resgate*, ao público, *olhar*. Essa estratégia supõe uma postura na qual o público esteja em frente ao mediador.

- A estratégia mais usada pelo mediador iniciante opera da seguinte maneira: em um primeiro tempo, *resgate* mobilizando os olhos e *emissão* ocorrem com ligeira decalagem; em um segundo tempo se efetua a *exposição* do livro, acompanhada pelo olhar endereçado ao público. É uma estratégia fácil de ser dominada, na medida em que não necessita memorização do fragmento resgatado.

1	✓ resgate	✓ emissão	olhar	exposição
2	resgate	emissão	✓ olhar	✓ exposição

- Uma outra estratégia exige mais experiência. No primeiro tempo o mediador apresenta o livro ao seu público: é a *exposição*, durante a qual ele opera o *resgate*. A simultaneidade desses dois gestos exige que o livro, exposto ao lado do emissor, ofereça o mesmo ponto de vista ao mediador e aos ouvintes. Em um segundo tempo, os olhos deixam o livro para se endereçar ao público; o *olhar* acompanha a *emissão*, enquanto a *exposição* permanece. Essa estratégia apresenta a vantagem de deixar o livro exposto durante a alternância *resgate/olhar*.

1º tempo, foto A	✓ resgate	emissão	olhar	✓ exposição
2º tempo, foto B	resgate	✓ emissão	✓ olhar	✓ exposição

Atuação de Mariana Hasse em São José do Rio Preto.

Cada estratégia possui sua eficácia e atende a uma determinada situação. A disposição no colo exclui o *olhar*, mas possibilita uma relação sensível com o calor do corpo do mediador. Algumas estratégias possuem um poder comunicativo mais forte, porém exigem um domínio da transmissão vocal mais avançado. É o caso da última modalidade descrita, na qual o mediador olha seu público durante a emissão vocal, conferindo expressividade ou até mesmo caráter emocional à comunicação. É interessante notar que essa comunicação instituída pelo olhar é uma comunicação real entre o mediador e os ouvintes, mesmo se ela opera por meio de uma ficção. A história comunicada é fictícia, mas a comunicação estabelecida não é.

Uma vez identificadas, essas estratégias podem ser exploradas na formação dos mediadores. Exercícios específicos visando a treinar o *olhar* contribuem para o aperfeiçoamento da transmissão vocal. Ao desenvolverem a consciência da importância do olhar, os mediadores são convidados a preparar sua atuação mediante leituras prévias. Elas têm em vista o domínio do *resgate*, de modo a disponibilizar o olhar em direção ao público. No caso por nós observado, alguns jovens liam apenas para responder

FOTO A — 1° tempo: exposição e resgate.

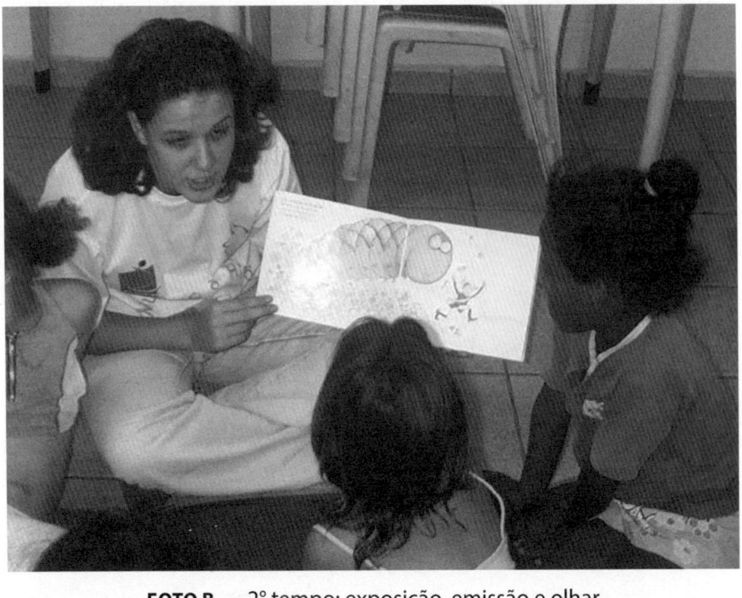

FOTO B — 2° tempo: exposição, emissão e olhar

ao compromisso que tinham assumido — ser bons mediadores — enquanto outros o faziam por terem encontrado na prática da literatura infantil o prazer de ler. Podemos citar aqui algumas observações de mediadores feitas em relatórios de atividade:

> A gente tem mais facilidade de entender, porque se lê para as crianças, tem que entender. (Wada, 2004, p. 110)
>
> Eu tô lendo um livro agora. Eu tô tão viciada que ele anda na minha bolsa, fica do meu lado na cama. (Wada, 2004, p. 113)

A transformação dos mediadores em leitores é fundamental na sensibilização de crianças à leitura. Os mediadores oferecem, assim, verdadeiros testemunhos de leitura a jovens que não os receberam dentro da família. Revelam que o ato de ler pode ser tão atraente que leva o adulto a se deixar cativar pelo livro durante horas. Nas famílias letradas, fatos dessa ordem acontecem em casa quando o bebê vive, por exemplo, sensação de abandono ao perceber a mãe mais atenta a um livro do que a ele mesmo. Essas experiências — às vezes dolorosas — que manifestam o fascínio exercido pela leitura não ocorrem em famílias sem livros.

* * *

Essa descrição da atuação dos mediadores de leitura evidencia a comunicação ao vivo, "presencial", na sessão de mediação, que mobiliza todos os sentidos dos protagonistas: voz, gesto, olhar, tato, olfato.

É necessário destacar aqui um traço paradoxal da transmissão vocal. A comunicação instaurada pela transmissão vocal, por ser viva, remete a uma performance, isto é, a um acontecimento único, seja por um olhar, uma inflexão de voz, um gesto ou um suspiro específico. Ora, esse "advento" singular é construído a partir de um texto escrito, portanto permanente, fixo. A performance da transmissão vocal metamorfoseia um texto "adormecido" na página, criado por um autor ausente, em uma comunicação viva entre protagonistas presentes: mediador e ouvintes. É esse paradoxo que explica o prazer vivido pela criança ao escutar uma milésima transmissão vocal do mesmo texto. A performance transforma o texto gráfico, sempre idêntico, em uma transmissão singular, sempre nova.

Como o texto sonoro e o discurso oral recorrem à mesma matéria sonora, o analfabeto pode entender tanto um quanto outro. Por se endereçar ao mesmo canal auditivo que a língua oral, a escuta do texto não exige uma longa aprendizagem para ser compreendido, ao contrário do texto gráfico, que se endereça aos olhos. O acesso ao texto sonoro foi aberto pela própria aquisição da língua oral materna.

Tentamos construir, neste capítulo, uma didática da transmissão vocal a partir de quatro gestos que compõem estratégias. Comunicação entre uma pessoa que emite um texto sonoro e uma outra que o recebe, a transmissão vocal se distingue fortemente do ato de ler, encontro solitário com o texto de um autor ausente. O texto sonoro é compreendido diretamente pelo analfabeto. Não necessita a aprendizagem de um código novo, pois usa a mesma matéria que o discurso oral e as mesmas linguagens de acompanhamento, tal como o olhar.

Todavia, não é apenas por razões negativas, isto é, por se endereçar a analfabetos que a escuta do texto é proposta à criança desde a mais tenra idade. Se fosse apenas essa a justificativa, o domínio da língua escrita — por libertar a criança da dependência de um locutor — tornaria a transmissão vocal caduca, sem utilidade para o leitor. No entanto, seria uma lástima se a conquista da leitura ocasionasse o desaparecimento da transmissão vocal, pois esta última é uma prática social importante para qualquer ser humano na vida cotidiana e no teatro, conforme mostramos anteriormente.

Se a transmissão vocal é uma prática do texto com traços de teatralidade e a leitura é uma atividade literária, nenhuma delas pode invalidar ou substituir a outra. O mesmo poema de Castro Alves pode ser apreciado de maneira singular, tanto diretamente no texto gráfico da página do livro, quanto mediante o texto sonoro nos lábios de um ator. De maneira discreta, a sessão de mediação encena o livro de literatura infantil. O encontro entre mediador e crianças descortina o universo das artes que recorrem à língua escrita.

O prazer vivido através das histórias escritas talvez possa suscitar o desejo de conquistar as habilidades que abrem as portas das narrativas, prescindindo de um mediador. Estamos falando da capacidade de ler.

Capítulo 3

Os frutos da sessão de mediação

Expusemos como a criança que se defronta cedo com livros tem acesso de duas maneiras diferentes às narrativas da nova literatura infantil. Quando é analfabeta e se beneficia da disponibilidade de uma pessoa letrada, tem a oportunidade de escutar textos. A transmissão vocal sempre foi praticada por famílias letradas e por alguns bons professores. No entanto, não é desse ponto de vista que a nova literatura infantil se distingue da antiga.

Como já vimos, a novidade provém principalmente do uso sistemático da imagem e da sua integração a um conceito de obra gráfica, na qual imagem e texto se combinam. Ambas as matérias veiculam a narrativa e contribuem para a dimensão estética da obra, tecendo entre elas relações diversificadas de redundância, complementaridade ou de conflito. A integração das duas matérias é reforçada pelo caráter visual da língua escrita, que se vale não apenas do conteúdo linguístico, mas também do valor estético da sua grafia. Desse ponto de vista, a nova literatura infantil vem explorando uma dimensão tradicional do texto que sempre existiu. O caráter imagético da escrita foi já bastante explorado na escrita monumental dos gregos e romanos, nos filactérios dos vitrais das catedrais, na tradição da caligrafia e nos caligramas modernos. A caligrafia sempre foi especialmente encorajada no mundo árabe, dada a exclusão religiosa da arte figurativa, que aos olhos dos fiéis representaria uma concorrência abusiva ao poder criativo de Alá.

A integração da imagem ao livro acarreta duas consequências. De um lado, possibilita o acesso parcial à obra completa por parte do analfabeto e, de outro, oferece ao alfabetizando um primeiro contexto narrativo para que ele investigue o texto, possa inferir seu sentido e inicie a identificação de alguns de seus elementos léxicos ou gramaticais.

Neste capítulo, queremos levantar as aprendizagens desenvolvidas pela criança submetida à sessão de mediação. Isso será feito a partir de exemplos escolhidos na nossa observação contínua[2] de crianças de quatro a seis anos, durante um ano e meio; destacaremos sucessivamente seu modo de apropriação da imagem, os saberes que elas acumulam em relação ao funcionamento do livro de ficção e as primeiras identificações linguísticas realizadas informalmente a partir do texto gráfico.

A imagem como linguagem

A utilização da imagem nos livros dirigidos à infância modificou completamente a relação da criança com o mun-

2. Observação em duas instituições onde era desenvolvido o *Projeto Mudando a História* pela *A Cor da Letra*, sob a tutela da *Fundação Abrinq: Arrastão Movimento de Promoção Humana*, na periferia da Zona Sul de São Paulo, e *Creche Recanto Infantil Izabel Mendes de Castro*, no Alto de Pinheiros, São Paulo.

do da escrita, na medida em que o acesso à literatura escapa à intervenção escolar. No entanto, mesmo que um ensino sistemático possa ser considerado inadequado no que tange a crianças de tenra idade, um acompanhamento educacional atento que propicie situações, instrumentos, questionamentos e informações para guiar as investigações infantis certamente ampliará a capacidade de interpretação das ilustrações.

Uma das primeiras descobertas que o bebê deve fazer é reconhecer a imagem como *representação*, isto é, como objeto distinto da realidade. A semelhança da imagem com a realidade cria ilusão. Mesmo quando ele reconhece em determinada ocasião que o cachorro não está vivo, essa habilidade vale apenas para um contexto específico e não é definitivamente adquirida. Trata-se de uma conquista gradativa que necessita sempre ser exercitada. Até adultos se deixam enganar, por exemplo, pela força das imagens do cinema. A questão complexa da relação entre o mundo do qual a imagem pretende dar conta, e seus *efeitos de realidade* é sempre pertinente. Fala-se de *transparência* para nomear o poder detido pela imagem de apresentar o mundo como se ela fosse um vidro. A observação de crianças de alguns meses de idade evidencia a lenta descoberta da função de representação da imagem. Parafraseando a legenda do quadro de Magritte, "*Ceci n'est pas une pipe*", a criança deve descobrir que "o jacaré do livro não morde".

Quando a superfície inteira da página do livro é ocupada pela imagem da cabeça de um cachorro, a criança infere que não se trata de uma cabeça solta. Como o livro deixa o verso da página ao alcance de seus dedos, a criança vira a página e verifica que não existe outro lado do cachorro. A cabeça apreendida numa face da página é apenas uma representação metonímica do animal: vale para o corpo inteiro. Quando seu caráter de representação é reconhecido, a ilustração começa a perder sua transparência e a manifestar que obedece à ordem da linguagem.

> No livro *Meus Porquinhos* (Wood, 1992) os dedos de uma mão são metamorfoseados em pequenos porcos. Um menino olha alternadamente o desenho dos dedos e os dedos da sua própria mão, contando-os. Concentrado, explora o espaço que separa seus dedos dos dedos representados no livro.

O livro, no entanto, não é o único meio que possibilita tal aprendizagem; a televisão participa dessa educação. No entanto, a televisão esconde, mais do que a imagem do livro, os processos de fabricação da ficção. Nesse sentido, justifica-se a intensidade da crítica feita a essa mídia. Os *efeitos de realidade* da televisão são tão poderosos, que seu caráter de *representação* é esquecido. Ao contrário, a dimensão de linguagem presente na imagem é mais acessível à experiência da criança com o livro do que na tela de televisão, a qual impõe de maneira imperativa a ilusão da sua janela. A imagem do livro se submete ao gesto do dedo que vira a página. Ao facilitar a apreensão da imagem enquanto linguagem, o manuseio do livro de literatura infantil contribui para formar um novo olhar de espectador e se torna um antídoto contra o ilusionismo que caracteriza a transmissão televisiva.

A descoberta da imagem enquanto linguagem é facilitada pelo uso maciço que a literatura infantil faz do desenho. Cabe observar que existem poucos livros ilustrados por fotografias. Poderíamos lastimar essa redução dos tipos de imagem utilizados pelos livros. No entanto, é importante destacar que o desenho expõe melhor seu caráter de representação. Não esconde a fabricação da ficção, como pode ser o caso da fotografia, mais transparente à realidade.

Dentro dos livros infantis o desenho cumpre dois papéis. Em primeiro lugar, seus traços, que se distanciam do realismo, o designam como significante de uma linguagem. Em segundo lugar, por possuir menos *efeitos de realidade* do que a fotografia, o desenho instala o leitor imediatamente no mundo imaginário. Muito cedo, a criança que se beneficia do acesso ao livro distingue o desenho da fotografia. Esta discriminação é uma das primeiras aprendizagens de linguagem desenvolvidas pela mediação.

É interessante solicitar ao próprio intérprete a explicitação dos critérios utilizados na distinção entre desenho e fotografia, mesmo que eles apresentem, momentaneamente, pouca pertinência. Acreditamos que uma exigência moderada de explicitação desenvolve as capacidades de metacognição, o que, por sua vez, facilita a conquista de um saber-fazer. Gradativamente a explicitação infantil ganha em pertinência.

O quadro

A página oferece seu espaço à expansão da imagem, mas ao mesmo tempo lhe impõe limites. Já no *Quattrocento* italiano, o quadro que delimitava a pintura, metáfora da janela da arquitetura clássica grega, simulava uma abertura que possibilitava ao olhar enxergar o mundo lá fora. A imagem retangular transitou depois da pintura à página do livro, à fotografia, à tela do cinema e, enfim à televisão. Ora, esse quadro tanto esconde quanto mostra. Vimos que a página que expõe a cabeça do cachorro pode não apresentar o seu corpo. O retângulo do quadro opera uma separação entre o espaço simbólico da ilustração e o espaço real do livro, ao qual pertence o leitor. O desenho é, portanto, apenas uma amostra do mundo imaginário ilimitado do leitor.

O quadro escolhido pelo desenhista constitui o primeiro código da imagem a ser interpretado, já que distingue o representante (o desenho) do representado (o mundo da história). Esse quadro, sempre retangular na fotografia — o retângulo é visto como tão natural pelo homem contemporâneo que o quadro oval, apesar de ser mais próximo da visão do olho, cria estranheza —, assume formas diversificadas no desenho do álbum de imagens. O quadro pode também se dissolver em um traçado fechado que limita a sua expansão sem forma predefinida. Quando o quadro se apresenta por meio de linhas curvas ou se ausenta, o limite nítido entre o espaço simbólico e o espaço real do papel se dissolve gradativamente. Aliás, ao se combinar de maneira diversa com o desenho, o texto gráfico contribui para tornar nebulosos os limites da imagem. Esse jogo entre dois espaços, um da representação (desenho) e outro da realidade (página), constitui um dos códigos da linguagem icônica que a criança começa a interpretar implicitamente desde muito cedo.

Da mesma maneira, apesar de a interpretação da representação da gravidade — o céu em cima e a terra embaixo — não exigir intervenção do adulto, ela requer determinado período de aprendizagem. As inúmeras tentativas da criança para segurar o livro no sentido certo mostram que essa conquista não é imediata. Talvez essa habilidade apresente relações com a aquisição da postura ereta e a conquista do andar facilite a interpretação da orientação vertical da imagem.

Imagens sequenciais

A imagem do livro é fixa e se distingue da imagem em movimento da televisão. Ao virar as páginas, a criança vai percebendo o funcionamento sequencial das imagens. No livro, o lobo da capa deve ser vinculado ao lobo das outras páginas e o hiato entre elas necessita ser interpretado.

A sequência das imagens exige do leitor a identificação do mesmo personagem através da diversidade de suas representações icônicas. A cabeça da página anterior pertence ao mesmo animal que o rabo da página posterior. Assim, todas as imagens do lobo do livro devem ser reconhecidas como representações distintas do mesmo personagem. Isso nem sempre é fácil, dado que o autor ou o ilustrador pode confundir o leitor de propósito, com representações ambíguas. Por exemplo, as pegadas de pés descalçados numa página e as de pés calçados na seguinte pertencem ao mesmo lobo — que procura enganar seus inimigos pelo uso de sapatos —, e não a dois personagens distintos, um animal, outro humano.

Duas representações do sapo podem manifestar uma diferença de ponto de vista sobre o personagem — por exemplo, o sapo visto pela menina e o sapo imaginado por ela —, mas podem também manifestar uma elipse temporal entre um determinado dia e o dia seguinte. O receptor deve reconstruir o evento excluído entre as imagens que, ao mesmo tempo, mostram e escondem. A criança inicia-se no funcionamento de uma linguagem e deixa de considerar a representação como realidade. A capacidade de interpretação de uma sequência de imagens é um passo a mais na compreensão da linguagem icônica.

No entanto, interpretar a cronologia da história supõe virar as páginas na ordem certa e descobrir que os olhos devem percorrer o volume da esquerda para a direita. O livro possui um sentido dado pela imagem da capa com a lombada à esquerda. No entanto, nossas observações não permitiram atribuir de modo nítido essa aprendizagem infantil à experimentação autônoma da criança ou à imitação da exposição do livro durante a transmissão vocal.

É legítimo pensar que experimentação e imitação se conjugam. O que parece primordial é que a criança associe à ordem espacial das imagens a função cronológica da narrativa e se acostume ao sentido da escrita ocidental.

Podemos assim avaliar o quanto as aprendizagens acarretadas pela interpretação das imagens sequenciais participam do letramento, já que elas preparam a criança para o funcionamento da língua escrita.

Essa aprendizagem se faz muito cedo e se realiza mesmo sem acompanhamento específico do adulto. No entanto, acreditamos que as interações verbais relativas à narrativa e à sua interpretação pelos colegas ou pelo mediador durante o manuseio do livro facilitam o domínio da linguagem das imagens.

Ruptura cronológica

Em geral, a ordem das imagens expressa a ordem cronológica da história. Nesse ponto da descrição das aprendizagens podemos nos indagar: até quando essas duas ordens permanecem indissociáveis? Ou então, formulando de uma outra maneira a pergunta: quando a criança poderá interpretar uma narrativa icônica que inclua ruptura entre a ordem das imagens e a da história? Vejamos, por exemplo, o que acontece na sequência seguinte:

> Na primeira imagem uma criança está de pé perto de uma mulher idosa, deitada numa cama de hospital. A segunda imagem mostra uma mulher idosa saindo de casa com bengala. Na terceira, uma mulher idosa de bengala atravessa a rua na passagem para pedestres.

A semelhança das representações da mulher idosa e a presença da bengala garantem a unicidade do personagem. A diferença de idade entre a criança e a mulher permite inferir uma relação entre avó e neto. A partir daí, a representação do hospital antes das imagens da rua cria uma ruptura cronológica passível de ser interpretada como um *flashback*, ou seja, uma ordem da narração (exposição) que não segue a ordem cronológica da fábula (mundo ficcional). Essa "anacronia", por sua vez, pode ser considerada, por exemplo, como o relato do acidente sofrido pela avó, endereçado ao neto que vem visitá-la no hospital.

Algumas vezes, as crianças, sozinhas ou em grupo, fora da presença do mediador, encontram soluções interpretativas à construção de uma sequência icônica ainda não encontrada. Outras vezes, a descoberta é facilitada pela escuta do texto sonoro transmitido pela voz do mediador durante a exposição das imagens.

É conveniente, no entanto, antes de dar a resposta, saber suscitar, por um questionamento adequado, uma investigação que leve as crianças a encontrar sua própria solução. Veremos no último capítulo como esse adiamento da transmissão vocal — que suscita investigações por parte da criança — é uma habilidade relevante do educador responsável pela construção do código gráfico.

O jogo, meio de apropriação

Venerado pelos adultos, protegido pela instituição que acolhe a criança, o livro goza, em culturas letradas, de uma grande consideração. Atraente por suas características visíveis, sua maleabilidade, sua flexibilidade, as cores de suas ilustrações, mas também pelas expectativas suscitadas pelo segredo de suas páginas, o livro se torna objeto do desejo infantil. Uma vez o livro conquistado e segurado pelas mãos, pelos braços ou pelas pernas, a criança procura a posse de outros volumes. Momentaneamente possuída, essa riqueza pode servir de moeda de troca para outras aquisições. Ela se torna matéria de socialização.

O vendedor

Para reunir nos seus braços muitos livros, Vítor os arranca das mãos dos colegas. A educadora convida Vítor a fazer pedidos educados e a compartilhá-los. Depois de ter obtido vários livros, Vítor, como um vendedor ambulante, exibe sua mercadoria, mostra livros e os oferece dizendo: "Quem quer livros?" Inicia, assim, uma brincadeira de troca de livros.

Pela troca e pelo empréstimo instaura-se um uso social do livro, primeiro passo para a fruição compartilhada da escuta do texto entre todos os ouvintes. Desse modo a sessão de mediação desenvolve uma prática social do livro que nenhum acervo familiar propicia. Começa a lenta descoberta de que o verdadeiro prazer do livro não reside na sua posse material, mas no seu conteúdo, imaterial, simbólico, inesgotável.

Além de oferecer uma experiência de vida em grupo, as brincadeiras constituem uma modalidade de atribuição de significado ao objeto livro. Desde as primeiras sessões de mediação, o "faz de conta" infantil se apodera do acervo colocado ao dispor das crianças. O livro, como qualquer outro objeto, é utilizado como recurso para brincadeiras.[3]

3. Algumas destas brincadeiras foram registradas por Joana Zatz.

A sua capa dura, por exemplo, se metamorfoseia em escudo na luta entre dois heróis; seu volume em tijolo de casa; sua flexibilidade é aproveitada para modelar uma "luneta" e vigiar inimigos.

No início, tido como um objeto qualquer, o livro é colocado na boca, jogado no chão e pisado, suas páginas são rasgadas. Uma análise rápida pode levar à constatação que esses jogos manifestam somente um desrespeito ao livro. Com certeza, é preciso alertar as crianças que suas brincadeiras não podem estragar um objeto que, bem público, deve servir também aos colegas. Mas nem todas as brincadeiras são prejudiciais ao livro. A conquista da cultura do livro é um processo gradativo que, a partir da pequena infância, atravessa várias fases.

Objeto simbólico

Ainda que seu papel de portador de histórias não seja reconhecido, o livro adquire pontualmente outras funções, dado que através do jogo infantil ele sofre várias metamorfoses efêmeras. Composto de folhas articuladas, suscetível de ser aberto e fechado à vontade, ele se transforma nas mãos das crianças em objetos alheios à sua função primeira. Podemos dizer que a mesma matéria do livro se torna um significante para vários significados, passa a ser fonte de operações simbólicas. A brincadeira é assim, de uma certa forma, uma primeira interpretação do objeto-livro.

Examinemos uma brincadeira infantil observada:

O computador

Tatiane e Ligia abrem um livro cada uma e o apoiam verticalmente contra a parede. Inicia-se um faz de conta que transforma os livros em computadores. Tatiane diz que o seu computador é "de coelho" e o de Lígia é "de calças", em função das imagens expostas.

Tatiane aperta com o dedo algumas letras do texto da página horizontal como faria em um teclado de computador e interpreta oralmente a imagem da página vertical como se fosse uma janela da internet.

Como no jogo da luneta, o livro se metamorfoseia em objeto novo. Mas aqui a criança recorre ao conteúdo do livro. As ilustrações se tornam suscetíveis de interpretação e as letras são associadas às do teclado do computador. Ao tratar texto e imagem de duas maneiras diferentes, Tatiane lhes atribui duas funções distintas.

Essa brincadeira faz surgir um outro interesse, desta vez simbólico e não apenas material como na brincadeira "O vendedor"; ela gera um discurso oral espontâneo por parte dos dois jogadores que, todavia, apresenta poucos vínculos com o texto do livro. Inicialmente objeto comum, o livro se metamorfoseia em objeto simbólico, fonte de histórias, objeto de cultura.

Personagem

Na abertura de um livro com dobraduras, o surgimento de um animal que emerge para fora da página, além de assustar ou fascinar, possibilita a criação de um personagem, eixo de uma história oral criada pela criança.

O jacaré

Lucas e Willy (5 anos) colocam no chão um livro com ilustrações em dobradura.

Lucas se aproxima do livro e levanta com cuidado a capa; vira uma página e faz surgir da dobradura um jacaré de boca aberta. As duas crianças se afastam rapidamente. Logo se aproximam outra vez, lentamente, tentando controlar o perigo. Com a extremidade da mão, Willy fecha o livro. Os dois podem então se aproximar de novo, já que "o animal está preso". O livro é sucessivamente aberto e fechado. As duas crianças se animam e, com a extremidade do dedo, conseguem tocar a pele, o olho e enfim os dentes do animal imóvel. Agem primeiro com cuidado, depois com ousadia.

A história acaba quando Lucas e Willy se sentam encima do livro fechado, felizes por terem dominado o animal.

Nessa brincadeira, as crianças ao mesmo tempo identificam o estatuto de personagem da dobradura e conferem ao animal um papel narrativo improvisado, não previsto pelo autor da fábula. Trata-se de um verdadeiro jogo dramático: dois jogadores, dentro de um determinado espaço, em contato com um objeto inerte — a dobradura de papel — improvisam, silenciosamente, uma narrativa com três personagens. Pouco interessadas pela fidedignidade à história do autor, as crianças encenam uma narrativa singular a partir de uma imagem única do livro, desprezando a sequência das outras páginas. No entanto, a dobradura-personagem-jacaré cria entre a história improvisada por Lucas e

Willy e a narrativa do livro, uma interseção que não existia na brincadeira de Tatiane. Um personagem pivô vincula a história muda das crianças à narrativa do autor.

Livro de cabeceira

O morango

Quatro crianças fazem de conta que compõem uma família. Constroem uma casa com livros do acervo. A filha pega um livro e o pai diz: "Não... Deixe este livro do lado da cama, porque ele é da mamãe. Tome cuidado". A filha deixa o livro. A mãe encosta-se à cabeceira da cama e faz de conta que transmite o texto à filha.

O filho diz "Estou com fome"; o pai abre a porta para ir ao supermercado. Escolhe o livro *Morango Vermelho Maduro* e o traz para casa. Todos se reúnem em volta da mesa e comem o morango da ilustração.

Depois, a filha expõe a ilustração de um livro fazendo de conta que está acendendo a televisão. Todos assistem ao programa. De repente, a mãe sugere que mudem de canal. O pai, então, procura imagens em outro livro.

No jogo "O computador", imagem e texto do livro já possuíam uma função diferenciada. Nesta nova brincadeira se observa mais: 1) o desenho do morango entra na história criada pela criança; 2) o livro aberto é metamorfoseado em televisão; 3) o livro é fonte de uma comunicação verbal que se torna componente da história. Aqui, o vínculo entre história improvisada e história do livro é mais estreito do que nas primeiras brincadeiras. Um discurso oral mais elaborado do que na brincadeira "O computador" é integrado à narrativa produzida.

Transmissão vocal dentro do faz de conta

Observemos uma outra brincadeira:

> **O elevador**
>
> Bianca e alguns colegas ocupam um canto entre o armário e a parede, cada um com um livro apertado contra o peito. Questionados pelo mediador, respondem: "Estamos no elevador, descendo para a sala dos pequenos. Vamos contar histórias para os bebês". Dizem "tchau!" quando o elevador se fecha e "bom dia" quando se abre. Sentam-se e fingem que são mediadores de leitura; cada um extrai das imagens uma história inventada.

Nessa brincadeira como em "O morango", as crianças dramatizam uma sessão de mediação. É construída uma narrativa que leva em conta o livro no seu uso próprio, isto é, enquanto portador de histórias. Sem sofrer metamorfoses, o livro é utilizado para imitar a mediadora que transmite vocalmente o texto.

Através das observações, constatamos portanto uma sofisticação gradativa das brincadeiras. Nelas aparece nitidamente a imitação da atuação do mediador na sessão de mediação. No entanto, como as crianças não sabem ler, não realizam uma transmissão vocal e a substituem por uma contação a partir da interpretação das imagens. Essa prática de um analfabeto em contato com o álbum de imagens é bem ilustrada no filme "Abril despedaçado" de Walter Salles. Longe dos olhos dos pais, o personagem infantil sentado com um livro nas mãos, conta para si mesmo uma história que nasce nos seus lábios à medida em que vira as páginas, descobrindo novas imagens. Essa narrativa oral, improvisada no momento, apesar de acompanhar a sequência inteira das imagens do livro, não corresponde ao texto gráfico do autor, já que a criança não é capaz de ler.

Na brincadeira "O jacaré", a interseção entre as duas narrativas — aquela improvisada pela criança e a narrativa do livro — é constituída não por um discurso, mas apenas pela presença de um mesmo personagem. De maneira mais complexa, a história "O elevador" gera um discurso oral — um reconto — em ressonância com o texto escrito.

A história elaborada a partir da sequência das imagens do livro corresponde à sua narrativa icônica e pode apresentar grandes analogias com a narrativa do texto gráfico. No entanto, essa narrativa oral oriunda da transposição da sequência das imagens não guarda nenhuma permanência quando retomada: trata-se de um reconto e não de um texto sonoro.

É importante saber se a criança tem ou não consciência de que sua narrativa oral é distinta da transmissão vocal do mediador. No caso de Bianca, ela *faz de conta* que é mediador. Contudo, por não saber ler, substitui, conscientemente, uma história contada ao texto sonoro. É assim na brincadeira de faz de conta de papai/mamãe, na qual a criança dá ordens à sua boneca, mas sabe que não é mãe dela. Da mesma maneira, sabe que sua história, por ser contada, não corresponde ao texto sonoro do mediador. Sabe que não pode repetir duas vezes o mesmo enunciado. Conhece o caráter efêmero do discurso oral e o caráter permanente da língua escrita. Pode ocorrer que a criança confunda seu próprio reconto com a transmissão vocal do mediador. Se não distingue seu discurso oral, flutuante, do *texto sonoro*, fixo, do mediador, isto ocorre porque ainda não conhece o caráter imutável do texto escrito.

São as retomadas da transmissão vocal do mesmo livro que revelam a permanência do texto através das mesmas palavras, na mesma ordem. As interpretações sucessivas das ilustrações mediante um discurso oral, ao contrário, não podem garantir a estabilidade das palavras.

Acontece também que o adulto, em lugar de transmitir o texto sonoro, o traduza com suas próprias palavras. Um episódio dentro da obra de Monteiro Lobato esclarece nossa demonstração (1994, p. 10).

Dona Benta quer comunicar a Emília e seus amigos a obra de Cervantes, *Dom Quixote de la Mancha*, através da antiga tradução portuguesa de Visconde de Castilho e Visconde de Azevedo.

E Dona Benta começou a ler:

— *"Num lugar da Mancha, de cujo nome não quero lembrar-me, vivia, não há muito, um fidalgo,* dos da lança em cabido, adarga antiga e galgo corredor".

— Ché! — exclamou Emília. — Se o livro é nessa perfeição de língua, até logo! Vou brincar de esconder com o Quindim. *Lança em cabido, adarga antiga, galgo corredor...* Não entendo essas viscondadas, não...

— Pois eu entendo — disse Pedrinho. — Lança em cabido quer dizer lança pendurada em cabido; galgo corredor é cachorro magro que corre e adaga antiga é... é...

— Engasgou! — disse Emília. — Eu confesso que não entendo nada. Lança em cabido! Pois se lança é um pedaço de pau com um chuço na ponta, pode ser "lança atrás da porta", "lança no canto" — mas "no cabido", uma ova! Cabido é de pendurar coisas, e pedaço de pau a gente encosta, não pendura. Sabem que mais, meus queridos amigos? Vou brincar de esconder com o Quindim...

— Meus filhos — disse Dona Benta, — esta obra está escrita em alto estilo, rico de todas as perfeições e sutilezas de forma, razão pela qual se tornou clássica. Mas como vocês ainda não têm a necessária cultura para compreender as belezas da forma literária, em vez de ler vou contar a história com palavras minhas.

— Isso! — berrou Emília. — Com palavras suas e de tia Nastácia e minhas também — e de Narizinho — e de Pedrinho — e de Rabicó. Os viscondes que falem arrevesado lá entre eles. Nós, que não somos viscondes nem viscondessas, queremos estilo de clara de ovo, bem transparentinho, que não dê trabalho para ser entendido. Comece.

E Dona Benta começou, da moda dela:

— Em certa aldeia da Mancha (que é um pedaço da Espanha), vivia um fidalgo, aí duns cinquenta anos, dos que têm lança atrás da porta, adarga antiga, isto é, escudo de ouro, e cachorro magro no quintal — cachorro de caça.

Dona Benta começa a narrativa por uma transmissão vocal. Na língua corrente do autor, *Dona Benta começou a ler*. Diante da incompreensão de Emília — *Não entendo essas viscondadas, não...* Dona Benta muda de estratégia: *vou contar a história com palavras minhas*, para facilitar a compreensão da boneca.

A tradução portuguesa antiga do Quixote justifica a mudança de estratagema de Dona Benta. O texto sonoro emitido por ela não é acessível à compreensão dos jovens; exige uma transposição em língua contemporânea, *queremos estilo de clara de ovo, bem transparentinho, que não dê trabalho para ser entendido.* Dona Benta abandona o texto escrito da tradução do Visconde de Castilho para elaborar uma narrativa oral com sua própria língua.

Assim fazem hoje muitos educadores. Contam uma história a partir do álbum de imagens, mesmo se não podem se valer da justificativa de Dona Benta. Pois, ao contrário do texto de Monteiro Lobato, os álbuns apresentam ilustrações interpretáveis pelas crianças e um texto compreensível mediante a escuta.

Contudo, a substituição sistemática do texto sonoro por um discurso improvisado acarreta várias consequências:

- Adultera a qualidade literária do álbum, constituída pela colaboração estreita entre ilustração e texto. Elaborado no instante, o discurso oral não pode rivalizar em qualidade com o texto escrito, nem tampouco dar conta do entrelaçamento entre o texto e a imagem;
- Embaralha os limites entre língua oral e língua escrita, já que o ouvinte não identifica se a língua é oriunda do autor ou do mediador;
- Não se vale da presença do livro para iniciar a criança à cultura da língua escrita.

A nova literatura infantil, através da sua grande variedade, oferece livros adequados a crianças de idade, cultura e capacidade linguística diferentes. Dentro desta profusão, o mediador tem a oportunidade de escolher os livros adaptados à especificidade de seus ouvintes, sem precisar substituir o texto escrito por um reconto.

Se quisermos facilitar a distinção entre a língua escrita e a língua oral, é necessário "encenar" essa diferença. Por isso, de um lado parece oportuno associar o texto sonoro à *exposição* do livro, como propusemos nas diversas estratégias da transmissão vocal. De outro lado, também é interessante contar histórias em lugares diversificados, sem ligação com a presença do livro: no jardim, no pátio, na escada, embaixo de uma árvore. Com cinco anos, a criança já poderá relacionar a estabilidade da narrativa com o texto sonoro oriundo do livro, assim como será capaz de vincular a flexibilidade da narrativa à improvisação do contador.

Sensível à distinção entre o texto sonoro, mais elaborado, e o reconto, mais coloquial, a criança nomeia o primeiro "*história do livro*" e o segundo, "*história da boca*". Assim, o ouvinte às vezes cobra do mediador a fidedignidade às palavras do texto: "*Você se enganou, trocou as palavras*" ou, ao contrário, pede uma língua mais corriqueira, informal "*Não quero uma história do livro, mas uma história da sua boca*".

Essa terminologia elaborada espontaneamente pela comunidade infantil não deixa de surpreender pela sua pertinência, pois preenche um vazio terminológico na área da linguística. A história de boca corresponde à narrativa oral, a história do livro ao nosso conceito de transmissão vocal. O uso de tais termos marca um avanço relevante no conhecimento do funcionamento da língua escrita.

O livro, portador de história escrita

Depois de ter metamorfoseado o livro em guarda chuva, tijolo, luneta, uma das primeiras competências adquiridas pela criança frequentadora da sessão de mediação é a tomada de consciência de que o livro é portador de histórias e de que essas histórias são fixas, por serem escritas. As brincadeiras, como mostramos, pontuam a construção desse saber. A escuta do texto guia as invenções da criança e facilita a aproximação entre a história improvisada e a narrativa do autor.

Gradativamente a criança adquire a consciência de que o livro é portador de uma história fixa da qual ela pode se aproximar, mas à qual apenas o mediador tem acesso pleno, por saber ler.

Se a descoberta do livro como portador de ficção é uma aprendizagem propiciada pela sessão de mediação, observamos que esse novo conhecimento não faz desaparecer outros modos de relacionamento entre a criança e esse objeto: o cheiro do livro conserva seu perfume e a página sua suavidade. O novo vínculo apenas se acrescenta ao anterior. As diversas modalidades de jogo, apesar de aparecerem em uma determinada ordem, coexistem. Na mesma sessão de mediação a criança pode recorrer a um jogo complexo e abandoná-lo por um outro, mais simples. Pode ouvir uma narrativa completa, opinar sobre ela e depois, sem que isso configure uma regressão, metamorfosear um livro em guarda-chuva. Assim também faz o leitor adulto quando utiliza momentaneamente o livro como peso para papéis, por exemplo.

A trança narrativa

Descrevemos como a criança que participa da sessão de mediação descobre que o livro de literatura infantil contém uma história que emerge através do conjunto de suas imagens. Ao mesmo tempo, tendo acesso à história pela voz do mediador, ela percebe pouco a pouco a permanência do texto sonoro emitido e acaba identificando sua fonte no texto gráfico, evidenciado pela *exposição* do livro.

Estimulada pelo mediador de leitura, a criança é guiada por três fios narrativos — icônico, sonoro e gráfico — que formam uma *trança*. Eles entrelaçam-se de duas maneiras:

- Dois deles, imagem e texto sonoro, não exigem aprendizagem formal e são diretamente acessíveis; o outro, o texto gráfico, requer uma aprendizagem longa;
- Dois são visuais: imagens e texto gráfico; o outro é auditivo.

Essa circunstância pode ser comparada à de Champollion que conseguiu elucidar os hieróglifos egípcios a partir de um texto inscrito na pedra de Rosette em três sistemas de escrita (grego, demótico e hieroglífico). Em razão do conhecimento de duas grafias, descobriu a terceira. Assim, graças aos três fios narrativos, a criança, sustentada por dois deles, pode procurar o terceiro.

A palavra como unidade da escrita

A individuação da palavra pelo espacejamento é uma característica da nossa escrita moderna, conforme já assinalamos. Se a palavra existe também na língua oral, dentro dela se apresenta sempre mascarada. "Embutida" no fluxo do discurso, a palavra oral deve ser tirada da sua "casca" prosódica para ser individualizada. A palavra gráfica, ao contrário, revela de imediato sua individuação, por ser diretamente apreendida pelos olhos. A exposição do livro à visão da criança revela que o enunciado *era uma vez,* emitido em um bloco sonoro único preso na prosódia, é composto de três unidades linguísticas que a escrita separa por espaços brancos. Essa descoberta é fundamental para o conhecimento do funcionamento da escrita.

O primeiro encontro da criança com a entidade *palavra* ocorre através da manipulação do seu nome próprio, geralmente fora do livro. *João* aparece, por exemplo, na lista de presença ou junto às fotos dos membros do grupo na parede da sala. Fenômeno semelhante ocorreu durante a aprendizagem da língua oral pelo bebê; o seu próprio nome foi um dos primeiros conjuntos sonoros por ele identificados. Esse significante auditivo é ligado à própria pessoa por uma carga afetiva forte. A pronúncia do nome pela boca, órgão da amamentação, coloca em vibração o próprio corpo, in(corpo)ra-se a ele. Mediante essa incorporação, a língua oral é intimamente enraizada na pessoa. O nome próprio, inicialmente apenas sonoro, é indissociável do próprio eu.

Também na escrita a criança começa cedo a reconhecer seu nome. Identifica suas letras e, às vezes, algumas relações com a pronúncia. Através da maiúscula inicial dos nomes próprios, identifica grafes que não têm correspondência sonora. Rapidamente percebe a função de limite de frase dessa mesma maiúscula, isto é, adquire uma ferramenta para utilizar a gramática no processo de leitura.

* * *

A observação da sessão de mediação revela a importância do jogo enquanto meio de apropriação do livro e de seu conteúdo. No início, as brincadeiras infantis levam em conta apenas os aspectos concretos do livro, mas rapidamente este se torna pretexto para a produção de narrativas. Mais tarde, verdadeiros jogos dramáticos que engajam fala e corpos vão flertar com a narrativa do autor.

Inicialmente as ligações entre as narrativas nascidas no jogo e a obra do autor são tênues. No primeiro momento, narrativa do livro e narrativa da criança têm como intersecção apenas a presença de um mesmo personagem; pouco a pouco a narrativa da criança se enriquece com as interpretações da sequência de imagens e, depois, com a escuta do texto.

A criança que não sabe ler acaba também criando sua própria história quando tenta imitar a transmissão vocal do mediador, o que origina um verdadeiro jogo de *faz de conta*. Esse procedimento lúdico — carregado pela sedução da fábula e pelo afeto da comunicação "ao vivo" — facilita a osmose entre a língua escutada e o discurso oral da criança. Enriquece-se assim a língua infantil.

No entanto, se a interpretação da imagem e a do texto sonoro — ao contrário da compreensão do texto gráfico — não requerem aprendizagem formal nem escolarização, isso não significa ausência de processos de aquisição de linguagem. De fato, a escuta do texto sonoro depende do domínio da língua oral, e a interpretação da imagem exige lidar com representações, ou seja, ambas são conquistas de linguagem.

Uma vez efetuada essa ressalva, cabe reiterar que nas três manifestações da narrativa do livro ativadas pela sessão de mediação — as ilustrações, o texto sonoro e o texto gráfico —, apenas a última necessita de escolarização. Por serem compreendidos antes, texto sonoro e ilustrações criam um contexto propício à elaboração de hipóteses plausíveis sobre o sentido do texto gráfico.

É importante destacar o fato de a narrativa icônica ser uma linguagem que se endereça aos olhos, tanto quanto o texto gráfico, ambas matérias de leitura. Apesar de tecerem relações complexas de complementação, redundância ou oposição com o texto gráfico, as ilustrações não se substituem completamente a ele e sua interpretação não esgota o interesse pela exploração do texto gráfico.

Essa efervescência da narrativa propiciada pela sessão de mediação suscita as experimentações lúdicas da criança. Sendo a primeira modalidade de experimentação na infância, o jogo, mobilizado desde o primeiro contato com o livro, se revela um meio para sua apropriação. A brincadeira ativa na criança sua disposição lúdica em harmonia com a ficção literária.

Atraída pelo mundo da literatura graças às imagens e à voz do mediador, que confere vida às histórias adormecidas nos livros, talvez a criança chegue a desejar o poder de saber ler detido pelo adulto.

Capítulo 4

O mediador de leitura: padrinho ou mestre da escrita?

Conforme observamos, a sessão de mediação permite à criança usufruir *aqui e agora* as riquezas da nova literatura infantil. Não é necessário esperar o longo caminho da alfabetização para conhecer as histórias guardadas nas estantes das bibliotecas. A criança que se beneficia do saber *dizer* de um mediador pode escutar textos escritos. Essa habilidade de comunicar um texto pertence a pessoas letradas que podem *tratar* os textos gráficos graças à sua capacidade de ler.

É assim que o jovem Manguel (1997, p. 30) transmitia textos literários a Borges, já cego. Mas esse saber-fazer pertence também a pessoas que recitam textos sabidos de cor, como fazem os atores no palco. Mais surpreendente ainda, ele acontece com analfabetos. É o caso de crianças pequenas ainda não alfabetizadas que recitam poemas, ou de um poeta encontrado em Fortaleza que havia recorrido a um padre para digitar e imprimir seus próprios poemas, a serem declamados e vendidos nas praias. Apenas a trama sonora do texto escrito era dominada por este "arauto" de praia; a responsabilidade de sua urdidura gráfica cabia ao padre escriba.

Padrinhos da escrita

Já mencionamos a importância da ficção na educação do homem. Além das histórias orais, os livros infantis colocam hoje ao dispor das crianças inúmeras narrativas escritas. É um privilégio usufruir esse acervo o mais cedo possível. Se as famílias com poder aquisitivo significativo podem comprar livros para seus filhos, as bibliotecas no entanto, são ainda insuficientes para atender às crianças de meios populares. Mas a atuação dos mediadores mostra que o problema não é apenas financeiro.

Graças à universalização da escolarização, todas as crianças em breve serão alfabetizadas com seis anos, porém nem todas entram na escola com a mesma bagagem cultural. As chances de sucesso são desiguais, já que algumas mergulham na cultura do livro muito antes da idade da alfabetização. Assim, paradoxalmente, no momento em que todas as crianças se beneficiam da alfabetização graças à escolarização generalizada, as crianças da classe média têm seu letramento antecipado. Quando grande parte da população infantil cresce longe dos livros, como esperar da escola a redução dessa disparidade, criada fora dela e antes da sua intervenção?

Cabe à sociedade reduzir essa herança desigual. *A Cor da Letra* por exemplo, assume uma parte dessa tarefa e se dirige às crianças carentes de creches, hospitais, orfanatos.

Os mediadores de leitura assumem um papel que os pais das famílias letradas cumprem em benefício de seus filhos. Do mesmo modo que na tradição católica se designa um padrinho responsável pela educação religiosa do recém-batizado, o mediador — *padrinho da escrita* — assume o letramento de crianças distanciadas do livro. Essa iniciativa educacional nascida em ONGs começa a se expandir pouco a pouco nas escolas públicas.

Os professores tomam consciência que não podem reduzir a emissão sonora a situações de decifração, nem substituir o interesse da comunicação por um exercício apenas individual. Descobrem que o engajamento dos mediadores, pelo contrário, visa compartilhar o prazer do texto com seu jovem público.

Efeitos sobre a língua

Além dos efeitos esperados de uma alfabetização futura, a sessão de mediação produz frutos educacionais imediatos. Certamente a prática dos textos literários possui interesse em si e não precisa ser justificada por alguma razão externa, como, por exemplo, sua eficiência na aprendizagem da língua. No entanto, mesmo se a aprendizagem da língua escrita não é a razão principal que justifica a prática precoce da literatura, esta última entroniza a criança dentro do mundo da escrita. Se as histórias contadas enriquecem a língua oral, as histórias do livro — tecidas com uma gramática mais complexa e com um léxico mais amplo do que a língua dos contadores — acrescentam outras oportunidades de aperfeiçoamento linguístico.

De um lado, a transmissão vocal do texto é uma manifestação do texto escrito, de outro ela tece com o discurso oral uma grande afinidade. De fato, ela recorre à mesma matéria vocal e opera em situação de comunicação envolvendo emissor e ouvintes. É graças a esse parentesco que a prática do texto sonoro tem o poder de interferir na língua oral. Esse enriquecimento é manifestado na sessão de mediação quando a criança conta uma história contida dentro do livro. A reformulação oral, por parte de uma criança, de um texto sonoro escutado tende a incorporar uma parte das palavras do autor, inclusive algumas anteriormente desconhecidas e às vezes ainda mal dominadas.

Mas a escuta do texto não enriquece apenas a língua oral. Como mostramos no capítulo anterior, ela revela também ao ouvinte modalidades de funcionamento do texto, tal como a permanência e determinado grau de complexidade comumente ausentes da língua do contador. Ela inicia, assim, o letramento da criança.

Escutar e ler

Descrevemos no capítulo anterior as aprendizagens desenvolvidas pela escuta do texto e não queremos negá-las. Escuta e leitura abrem acesso à compreensão do texto escrito. No entanto, desejamos distinguir claramente a compreensão construída a partir do texto sonoro daquela realizada a partir do texto gráfico. Escuta e leitura não operam sobre a mesma matéria: uma é sonora, a outra, visual. Se algumas operações cognitivas convocadas são idênticas nos dois procedimentos, outras são distintas. Além disso, a compreensão não é construída nas mesmas condições: uma é realizada por meio de uma comunicação ao vivo, outra dentro de um ato diferido e solitário.

Mesmo admitindo que a prática da escuta possa, em alguma medida, favorecer o domínio da leitura, a passagem da primeira para a segunda não é automática, como muitas vezes, ingenuamente, se acredita. Dado que as duas colocam em jogo operações cognitivas distintas (temporal/espacial), recorrem a linguagens de acompanhamento diferentes (gesto/imagem), estabelecem relações específicas com o outro, com o mundo e consigo mesmo (presença/ausência), a transição da *escuta de textos à leitura* deve ser problematizada, de maneira a ocorrer nas melhores condições possíveis e não acarretar dificuldades intransponíveis.

Há algumas armadilhas a serem evitadas nessa passagem. A sessão de mediação pode, por exemplo, criar a ilusão de que sempre o ouvinte contará com a disponibilidade de um mediador. Nesse caso, por que o analfabeto se engajaria num longo processo de aprendizagem cuja finalidade é um prazer que a transmissão contempla imediatamente? De fato, os analfabetos sabem inventar, na vida cotidiana, alternativas para escapar à necessidade de recorrer à escrita, conseguindo viver sem ela.

Em nossa descrição das posturas da sessão de mediação observamos uma grande aproximação dos corpos na postura no colo. Essa fusão corporal não é congruente com a solidão do leitor. Cabe lembrar que o domínio da leitura implicará um afastamento do corpo do adulto. Na história da criança não é a primeira vez que a conquista da língua requer esse afastamento; situação similar já ocorreu com a aquisição da língua materna. O exercício da fala supõe a disponibilidade da boca e é correlato ao abandono do seio e ao *desmamar*. A relação corporal e bucal com a mãe é substituída por uma relação vocal e verbal.

A escuta do texto coloca em jogo os corpos — boca e ouvidos —, enquanto a leitura opera na ausência de qualquer presença corporal alheia. Ao se tornar leitor, a criança corre o risco de perder a atenção privilegiada do adulto e o calor da sua presença. Será que vale a pena saber ler se essa conquista contribui para tal perda?

Problematização

Passar da escuta à leitura exige o abandono do ambiente sonoro da voz para entrar no silêncio. Sabemos o quanto a criança é submetida atualmente a um ambiente sonoro agressivo. Ao longo de todo o dia as grandes cidades são invadidas por ruídos que os muros não conseguem abafar. Alunos e professores das cidades são pouco protegidos do barulho da rua nas salas de aula. Fora da escola a juventude escuta músicas em níveis tão excessivos que ameaçam os ouvidos. Nesse contexto urbano a ausência de sons pode suscitar uma angústia pouco propícia à aceitação do silêncio.

A intuição de que a cultura letrada pode acarretar mudanças nas relações com os outros, com o mundo e consigo mesmo pode levar determinadas crianças a erguer barreiras psicológicas contra uma aprendizagem percebida como ameaçadora, suscitando recusas inconscientes. Essa reação de defesa infantil é atestada por educadores como no fato seguinte:

> Uma menina no primeiro ano da escola manifestou um desgosto brutal pelas atividades de escrita. Sua mãe, tentando procurar alguma alteração na vida familiar que tivesse coincidido com a eclosão do problema, se deu conta que havia interrompido naquele momento o hábito de dizer histórias na beira da cama da filha. Ao contrário de incentivar a autonomia, como tinha acontecido com a irmã mais velha, a atitude da mãe havia gerado uma ameaça. A capacidade de ler tinha sido associada ao abandono da mãe.[4]

Assim, escutar textos pode acarretar na criança dois efeitos paradoxais: vontade ou angústia de aprender a ler. Como a aprendizagem da escrita mobiliza todas as dimensões da personalidade, é importante saber que uma decisão idêntica tomada a favor de duas irmãs pode acarretar consequências diversas. Por essa razão, podemos questionar as propostas de redução do analfabetismo baseadas em mudanças apenas localizadas e generalizadas a todos. Estamos nos referindo, entre outros, a projetos que pretendem alfabetizar jovens ou adultos em seis meses mediante uma técnica, em vez de educá-los à cultura da escrita, tarefa certamente mais longa e complexa.

Se a escuta do texto criasse apenas efeitos contrários àquilo que buscamos — o domínio da leitura —, a transmissão vocal se revelaria contraproducente. Efetivamente alguns pedagogos pensam assim e argumentam da seguinte maneira: sendo a leitura uma atividade visual, silenciosa,

4. Fato relatado por Cristina Casadei Pietraróia.

pessoal, autônoma operando sobre um texto gráfico, por que iniciar o letramento por uma outra, sonora, comunicativa, exercendo-se sobre um texto sonoro? Já que os métodos ativos enfatizam o *aprender fazendo*, a substituição do tratamento visual do texto por uma compreensão auditiva constituiria uma abordagem questionável.

No entanto, fiel à opção de enraizar a aprendizagem da linguagem em práticas sociais, observamos que a escuta do texto ocorre na sociedade, fora da escola e apesar dela. Exatamente por essa razão a instituição escolar não deve negligenciá-la. As crianças escutam textos sonoros antes de abordar textos gráficos e usufruem a literatura antes de dominar o código da escrita. É esse quadro que é necessário levar em consideração.

Contudo, a ressalva no tocante à expectativa de que a escuta do texto acarrete automaticamente habilidades em leitura não coloca em xeque o trabalho em prol da aproximação do livro pela criança. Certamente, não acreditamos que a passagem da escuta do texto ao domínio da leitura se efetue como a navegação em "um longo rio tranquilo". Criticamos a confusão que consiste em considerar *leitura* as duas modalidades de recepção, *pelos ouvidos* e *pelos olhos*, sem perceber a solução de continuidade existente entre elas. Ambas são processos de compreensão, mas cada uma opera sobre uma matéria linguística específica, sonora ou gráfica, exigindo operações cognitivas distintas. Não podemos dizer que uma seja efeito da outra.

A passagem da escuta à leitura faz parte do processo mais geral da educação que consiste em propor à criança meios que propiciem sua autonomia, isto é, sua capacidade de se afastar do adulto. A conquista da autonomia se realiza sempre a partir do abandono de determinado conforto afetivo. Consideramos que entre a escuta e a leitura do texto existe uma ruptura epistemológica que, para ser enfrentada com êxito, deve ser primeiramente identificada. É o que estamos tentando realizar.

Passarelas

A primeira medida a ser tomada consiste em comprovar que a conquista da leitura não provoca a perda da escuta do texto. Para prevenir esse risco, o mediador pode demonstrar aos ouvintes que a transmissão vocal não é apenas uma prática substitutiva e não se deve apenas ao seu momentâneo analfabetismo, mas se legitima social e artisticamente. A conquista da leitura não acarreta o fim da escuta do texto, assim como não elimina o prazer de escutar poemas ou de assistir aos espetáculos de teatro, por exemplo.

A segunda providência remete à distinção entre o reconto e a transmissão vocal. O mediador evidencia a origem livresca da história e aponta a sua fonte gráfica. Se a língua do livro, menos flexível do que a do reconto, pode, às vezes desagradar, sua riqueza e originalidade constituem meios de sedução, assim como o brilho da imagem que a acompanha.

Pode acontecer que durante a sessão o mediador fique episodicamente sem solicitações e sem ouvintes à sua volta. Apesar de ser frustrante para ele, essa situação pode gerar benefícios inesperados. Quando o mediador aproveita a situação para explorar livros disponíveis, oferece um testemunho de leitura enquanto ato solitário. Fica assim demonstrada a potência da leitura, capaz de prender de tal modo a atenção de quem nela mergulha, que a pessoa se isola de seu ambiente imediato. O fascínio do texto deve vencer as resistências que, em determinadas circunstâncias, o medo da solidão pode acarretar na aprendizagem da leitura.

É importante também levar em conta que a solução de continuidade que salientamos entre a recepção pelos ouvidos e a pelos olhos não diz respeito à relação entre a sessão de mediação e a leitura. Em outras palavras, não reduzimos a sessão de mediação à escuta do texto. Mostramos, ao contrário, que a mediação propõe duas abordagens distintas do livro: uma indireta, pela escuta no polo da mediação, outra direta, pela exploração visual, nos espaços de autonomia. Como a mediação propicia as duas abordagens concomitantemente, a criança tem a oportunidade de explorar o livro visualmente desde o primeiro contato com ele. O futuro ato de leitura se enraíza mais nessa relação autônoma, visual e solitária com o livro, do que propriamente na escuta. Graças aos espaços de autonomia, a mediação vai além da escuta, suscitando também atitudes de leitor.

Inversão do processo

Pela sessão de mediação a criança é lançada no mundo da linguagem escrita muito antes de abordar o estudo do código. Antecipando a prática da escrita, a mediação inverte o processo de aprendizagem tradicional que começa pelas correspondências fonográficas. Através dela, elabora-se uma experiência anterior que não pode ser ignorada pelo *alfabetizador*.

Como este último termo remete à realidade escolar, que reduz o domínio da escrita ao do alfabeto, usarei a denominação *mestre da escrita* para designar o responsável por um objetivo mais ambicioso, o da aprendizagem do código gráfico. No sistema educacional brasileiro quem cumpre a função de mestre da escrita é o professor, mas ela também é exercida por educadores de instituições que ensinam no contraturno e, mais amplamente, por qualquer educador que assuma a tarefa de levar à conquista do código da escrita.

Como qualquer aprendizagem se constitui na integração de um saber novo a um antigo, ao mestre da escrita cabe levar em conta as experiências de língua escrita vividas anteriormente. Uma vez reconhecido o alicerce já construído, o mestre da escrita deve apoiar nele a segunda fase do edifício, norteado por um novo objetivo: tornar autônomo o usuário da literatura, isto é, possibilitar a conquista do código gráfico.

Ainda que a sessão de mediação propicie algumas descobertas do código, o padrinho da escrita não tem responsabilidade pela sua construção integral. O mestre, por sua vez, deve imprimir à informalidade da sessão de mediação um caráter sistemático, pois a conquista do código dificilmente é alcançada por simples impregnação.

Situação de leitura

Como acreditamos que uma aprendizagem se enraíza no exercício da prática visada e que o código da escrita é encontrado na sua integralidade apenas nos textos — não numa tabela de correspondência entre letras e sons –, consideramos imprescindível que o ato de ler esteja no âmago do processo de aprendizagem. Ora, coerentemente com nossa definição da leitura como *compreensão de um texto gráfico*, o ato de ler se assemelha mais, dentro da sessão de mediação, à experimentação direta do livro pela criança nos espaços de autonomia do que à escuta do texto. É importante tomar consciência de que a transmissão vocal em si mesma não propicia situação de leitura, na medida em que a escuta não requer o saber ler.

Mas um outro corolário pode ser extraído da visão da leitura enquanto transformação do texto desconhecido em texto conhecido: **o texto já escutado não pode se tornar objeto de um ato pleno de leitura**. Em outras palavras, se o texto já foi revelado aos ouvidos, não resta revelação para os olhos. É fundamental que o mestre da escrita saiba propor textos a serem investigados visualmente, antes que a sua escuta tenha revelado o sentido e "queimado" a necessidade de lê-lo. Assim, se a leitura pode ocorrer — o que é desejável — antes da transmissão vocal, ela não pode, sem perder sua função, ser adiada para depois dessa transmissão. Isto porque a escuta esgota a expectativa do significado que a leitura deveria satisfazer. Para "tomar conhecimento de um texto gráfico" é imprescindível que este seja desconhecido. A revelação da narrativa pela transmissão vocal destrói a razão de ser da leitura.

Fizemos questão de utilizar o termo *textos* no plural no título desse livro — *Da escuta de textos à leitura* — para não induzir ao equívoco de que o processo didático consistiria em passar da escuta de um determinado texto à leitura do mesmo. Consideramos que a prática da escuta de *textos* proporciona aprendizagens a serem exploradas na leitura de *outros* textos, coerentemente com nossa definição da leitura como tomada de conhecimento.

O momento de investigação à procura do sentido pode ser curto ou não, pode ocorrer com um grupo pequeno nos polos de mediação ou individualmente, nos espaços de autonomia. Mas é necessário instaurar essa prática se quisermos ser coerentes com o pressuposto de uma aprendizagem da leitura enraizada na sua prática social.

O objetivo do mestre da escrita se distingue assim do objetivo do padrinho da escrita. Os dois visam o acesso à narrativa, mas enquanto o segundo aceita qualquer caminho, quer seja pelos ouvidos ou pelos olhos, o primeiro faz questão de trilhar o caminho da grafia.

Dois procedimentos de leitura

Quando o assinante da *Folha de S.Paulo* toma conhecimento das notícias do dia, utiliza códigos já dominados e muitas vezes não encontra obstáculos nesse procedimento. O leitor ativa diretamente o significado de cada palavra a partir da sua imagem armazenada na mente (*reconhecimento*), sem decifrá-la ou pronunciá-la. Esse procedimento, visual, rápido, ou seja, ideográfico, é maciçamente utilizado pelo leitor experiente que *navega* através dos índices sintáticos para perceber os limites da frase e seus componentes, sujeito/verbo, assim como através de índices textuais, para reconstruir a coerência e a coesão do texto. Chamemos *tratamento* esse procedimento que recorre apenas ao saber anterior para transformar o texto desconhecido em texto conhecido.

Nem sempre o leitor experiente se beneficia de uma língua transparente e, no caso do leitor iniciante, as dificuldades são ainda mais frequentes. Em textos mais elaborados, o leitor não utiliza apenas o tratamento, mas resolve problemas de código, ou seja, recorre a um segundo procedimento de leitura: a *elucidação*.

Construção do código

Não queremos propor aqui um registro completo dos elementos do sistema gráfico a serem levantados por meio dos textos lidos, mas apenas apontar sua variedade. O aprendiz deve:

- recolher o conjunto dos grafes, letras, espaço pontuação, ou seja, reconstruir o teclado do computador;
- percorrer as etapas entre a *identificação* da palavra (relacionamento de uma palavra escrita desconhecida à palavra oral correspondente, conhecida) e o domínio de seu *reconhecimento* (ativação direta da palavra armazenada na memória a partir da sua imagem gráfica) (Giasson, 2000, p. 62);
- levantar as relações entre sons e letras;
- elucidar a organização gramatical, como, por exemplo, o acordo entre sujeito e verbo;
- dominar a cadeia anafórica: substituição, por exemplo, de *Ana* por *a princesa, a moça, a filha do rei, ela, esta, lhe, a* etc.

A presença de problemas de código a serem elucidados exige do leitor operações cognitivas que podem gerar cansaço e levar ao abandono da leitura. É necessário estar atento para que esse trabalho não esgote o prazer da história.

<table>
<tr><td colspan="3">1ª modalidade de leitura (procedimento simples)</td></tr>
<tr><td>Tratamento:</td><td>utiliza o código já dominado</td><td>para entender o texto</td></tr>
<tr><td colspan="3">2ª modalidade de leitura (procedimento duplo)</td></tr>
<tr><td>Tratamento:</td><td>utiliza o código já dominado</td><td rowspan="2">para entender o texto</td></tr>
<tr><td>Elucidação:</td><td>resolve problemas do código</td></tr>
</table>

Diante de um livro novo, o padrinho da escrita visa à fruição da narrativa pelo analfabeto e, para isso, recorre ao meio mais imediato, a transmissão vocal. O mestre da escrita, que visa o acesso à narrativa pela grafia, assume, por sua vez, uma tarefa mais complexa. Em primeiro lugar, mobiliza o saber anterior da criança para facilitar o uso do código dominado, o que supõe conhecer as competências infantis, antigas ou recentemente adquiridas. Em segundo lugar, facilita a elucidação de fatos linguísticos desconhecidos e suscita sua integração dentro do código já dominado, visando ao seu enriquecimento.

Sistematização

Se o mestre da escrita que leva em conta o saber infantil construído através da sessão de mediação segue a ordem das descobertas da criança, isso não quer dizer que a aprendizagem seja dirigida apenas pela espontaneidade, pela improvisação e pela informalidade. Ao contrário, a atuação do mestre se caracteriza pela introdução de uma sistematização que opera em diversos níveis:

1) Identifica o conhecimento infantil; por exemplo através do pedido "quero uma história da boca e não uma história do livro", avalia que a criança conhece a permanência da escrita.
2) Aproveita a situação de grupo para socializar a descoberta individual; "João, você escutou o que a Regina descobriu?"
3) Convida a criança a refletir sobre seu processo de descoberta; "Como você sabe?"
4) Organiza o registro das descobertas em fichas, cartazes, cadernos, tendo em vista a recuperação desse saber no momento da produção de textos.

Dado que o código da escrita reside no texto, é dele que deve ser extraído. Sua integridade não se encontra nem na cartilha, como pretende fazer o método fônico, nem na transposição da língua oral, como propõe a metodologia fundada apenas na produção de textos.

A sessão de mediação propicia o encontro da criança com a integralidade do código gráfico e gostaríamos de mostrar que o faz mediante dois caminhos distintos.

Elucidação do código pela comparação

O primeiro caminho decorre da própria situação da transmissão vocal. Sentada no colo do mediador, a criança é exposta concomitantemente à emissão vocal e à exposição do livro. O futuro leitor, preso na trança narrativa evocada em capítulo anterior, é certamente convidado pela situação a comparar o texto sonoro à narrativa icônica, mas — e este é o aspecto a ser ressaltado agora — a compará-lo principalmente ao texto gráfico.

A criança que escuta o título "*Peixe é peixe*" (Lionni, 1998) é incentivada pela situação a relacionar as palavras escutadas ao peixe desenhado na capa, mas também a remetê-las à palavra gráfica do título, ou seja, é levada a urdir os três fios narrativos.

Contudo, como nesse primeiro caminho a elucidação do código é efetuada pela comparação entre o texto escutado e o visto, não ocorre o ato de ler, uma vez que a compreensão do texto provém da escuta. Trata-se de uma operação metalinguística sobre as duas representações, sonora e gráfica, do texto. Portanto, não se aparenta a uma prática da escrita consagrada fora da escola. Podemos dar um outro exemplo:

> Uma professora faz cantar uma canção de Chico Buarque. Depois apresenta a letra no quadro-negro e pede à classe para identificar as palavras.

O procedimento remete a uma comparação da letra escrita no quadro com a canção já conhecida, mas não proporciona o ato de ler propriamente dito.

Elucidação do código pela leitura

Quando, ainda não ciente do sentido do texto, o leitor tenta resolver um *problema linguístico*, sua procura é motivada pelo desejo de compreender o texto; quer ultrapassar o obstáculo encontrado para chegar ao gozo da história. Ao contrário da elucidação pela comparação, a resolução do problema é efetuada para entender o texto, ou seja, torna-se um processo constituinte do ato de ler.

Os dois processos de elucidação do código

por comparação	Texto gráfico	comparação	Texto sonoro	para conhecer o código da escrita
por leitura	Texto gráfico	resolução de problema		para entender o texto

O padrinho da escrita — menos preocupado em levar a criança à construção do código da escrita do que em compartilhar o prazer da história — responde prontamente a qualquer pedido de transmissão vocal. O mestre da escrita ao contrário, visa a autonomia do leitor. Por isso, estimula a criança a explorar o texto gráfico para que o compreenda, antes de proporcionar a escuta desse mesmo texto. Não satisfeito com as interpretações informais nos espaços de autonomia, ele suscita investigações sobre o significado. Recorre a perguntas sistemáticas — Jolibert fala de *questionamento de texto* (1994, p. 44) — constituídas por variações de duas indagações básicas. Com a primeira, "O que quer dizer?" o mestre incentiva a procura do sentido. Por meio da segunda, "Como você sabe?", suscita reflexão sobre as operações mentais efetuadas (operações metacognitivas).

Assim a mediação de leitura se torna um dispositivo de aprendizagem do código quando, além de abrir o horizonte da literatura infantil, suscita um desejo suficientemente forte de compreender o texto que possa levar o futuro leitor a *resolver os problemas gráficos*. O "padrinho" faz questão de revelar imediatamente o sentido do texto ao ouvinte. O mestre negocia a revelação dentro de um processo de aprendizagem.

Enquanto a resposta imediata ao pedido infantil de transmissão vocal permite apenas o procedimento de comparação, o adiamento dessa mesma transmissão abre espaço para uma investigação do significado.

A produção de textos

Consideramos que o primeiro movimento em direção à escrita se realiza através de um ato de recepção. De fato, a criança é entronizada desde seu nascimento em um mundo letrado, assim como é lançada numa comunidade linguística usuária de determinada língua. O recém-nascido não escolhe sua cultura, letrada ou oral, nem a língua portuguesa que a veicula.

No entanto, essa situação primária desencadeia um ato secundário de apropriação, que se manifesta em tentativas imediatas de produzir seus primeiros balbucios ou traços gráficos. É imprescindível — desde as primeiras descobertas feitas por meio do dédalo dos níveis da língua escrita — convidar a criança a escrever, assim como preconiza Emília Ferreiro, sem esperar qualquer domínio como pré-requisito. É apenas através da produção de textos que se realiza plenamente a apropriação da língua escrita. Saber ler é uma riqueza, saber escrever é um poder. A necessidade de escrever é um ato de apropriação da cultura em geral e da língua escrita em particular, pelo qual a criança reinveste suas descobertas.

O mestre da escrita coloca ao dispor da criança lápis, folhas soltas de papel ou caderno para que ela responda, mediante produções gráficas pessoais, ao estímulo proporcionado pelo encontro com o livro. O novo usuário da escrita começa a se expressar por rabiscos e depois por desenhos, que, inicialmente rudimentares, passarão pouco a pouco a ser mais elaborados. Mais tarde, produz traços que valem pelo seu nome. A cada passo é importante oferecer oportunidades para que a criança possa investir em produções gráficas as descobertas realizadas na recepção.

Ao longo da aprendizagem da produção de textos, o mestre da escrita desempenha diante das crianças pequenas o papel de um "escritor público". Ao contrário dos escribas egípcios, que guardavam cuidadosamente seus saberes para proteger os privilégios vinculados à sua função, o mestre da escrita revela os segredos de fabricação do texto ao analfabeto. O primeiro deles reside em transformar o discurso oral do analfabeto em *língua a ser escrita*, isto é, em texto sonoro segundo nossa terminologia. A frase oral [*ojogotalegal*] deve ser transformada em enunciado escrito possível /*ojogoestábonito*/. O segundo segredo consiste em segmentar o bloco prosódico em palavras distintas /*o — jogo — está — bonito*/, da mesma maneira que se pode separar grãos alinhados do interior de uma vagem.

* * *

A sessão de mediação instaura duas práticas do livro de maneira simultânea e complementar. Organiza a escuta do texto através da atuação de um mediador, abrindo acesso à ficção e propicia, em grupo ou individualmente, uma experimentação visual do livro, criando condições para o surgimento de atitudes de leitor.

Dispositivo educacional que envolve a criança numa prática de língua escrita, a sessão de mediação pode contemplar vários objetivos desejáveis. A curto prazo, disponibiliza para a criança o mundo imaginário dos livros e coloca-a em contato com uma matéria linguística mais elaborada do que a própria língua oral dos contos. A médio prazo, ao expor o funcionamento da língua escrita, a mediação possibilita a construção de um conhecimento a seu respeito. Por fim, de modo informal, ela propicia as primeiras descobertas linguísticas do código gráfico que, mais tarde, possibilitarão o seu domínio.

Se o letramento precoce é um terreno favorável à aprendizagem da escrita, muitas crianças entram na escola com defasagens nesse campo. Como, nesta situação, exigir dos professores uma pedagogia compensatória que ofereça mais às crianças que socialmente receberam menos? Na expectativa de uma universalização da educação infantil que propicie a todos os brasileiros a cultura letrada, cabe à sociedade como um todo desenvolver programas de educação que aproximam as crianças do mundo do livro antes dos seis anos.

A atuação dos *padrinhos da escrita* exige dedicação e saber fazer. A modalidade de mediação de *A Cor da Letra* que acabamos de descrever constitui um dispositivo educacional que, por ter nascido fora da escola, não tem a ambição de "alfabetizar", e por isso não requer profissionais em educação. Sua intenção é universalizar a cultura do livro herdada apenas por alguns.

Além de ser um instrumento disponível aos "padrinhos da escrita" para que proporcionem a fruição da literatura infantil pelos analfabetos, a sessão de mediação pode se tornar um dispositivo pedagógico de conquista do código da escrita. Mas a adoção desse objetivo requer transformações na realização dos encontros. Para isso, indicamos três componentes a serem introduzidos, sistematizados ou acrescentados.

O primeiro deles corresponde ao incentivo à procura de sentido dentro de um texto desconhecido, antes da revelação da narrativa pela transmissão vocal, ou seja, antes de apresentar a solução ao problema encontrado. Se a escuta constitui o primeiro acesso à narrativa integral do autor, contemplando assim a expectativa do analfabeto, não é nela que se origina o ato de ler, mas na interpretação da matéria visual do livro. Por isso, é necessário instaurar oportunidades de investigação do sentido do texto visto.

O segundo componente remete à capacidade do mestre da escrita de conduzir a elucidação do código gráfico — e não somente alfabético — por uma sistematização de procedimentos em cascata, tais como elucidação, socialização, reflexão e registro.

O terceiro consiste em introduzir ou sistematizar a *produção de textos*. Pela recepção, escuta e leitura, o aprendiz usufrui a riqueza da literatura. Pela produção, participa da sua elaboração. Faz parte da responsabilidade do mestre da escrita incentivar o reinvestimento das descobertas em novas produções. Desse modo, cada investigação a partir do livro se torna um mote para a produção (Jolibert, 2006).

A atuação do mestre da escrita impõe uma ruptura dentro dos procedimentos habitualmente desenvolvidos na sessão de mediação pelo padrinho da escrita. Se a função deste último pode ser assumida por qualquer adulto letrado — mãe, avó, vizinho, mediador de leitura —, a conquista do código gráfico exige o desempenho de um papel diferenciado, oriundo de uma formação específica. De fato, é possível capacitar alfabetizadores encarregados de ensinar apenas o código alfabético em alguns meses, mas a formação de mestres da escrita requer competências adquiridas em nível acadêmico.

Assim, o papel do padrinho da escrita — compartilhar o prazer da literatura — e o do mestre da escrita — proporcionar a autonomia do leitor — são claramente distintos. Todavia, se o padrinho se dedica apenas a propiciar o prazer da literatura, o mestre da escrita deve poder assumir ambos os papéis, já que sua perspectiva é formar leitores autônomos a partir do letramento iniciado pela atuação do padrinho.

Conclusão

Aprender a ler, lendo

Faz cerca de meio século que a literatura infantil mudou. A intervenção da imagem e a nova relação que ela estabelece com o texto possibilitaram aos jovens leitores se apropriarem da ficção antes de serem alfabetizados. Certamente a literatura infantojuvenil não nasceu nos últimos anos, nem a possibilidade de escutar textos. Mas antes de os livros incorporarem uma narrativa icônica, os textos se atinham apenas a uma coerência interna; quando utilizavam a imagem, ela servia apenas de ilustração. Hoje, a imagem é um componente essencial da obra e um suporte da narrativa. Muitas vezes imagem e texto são concebidos em um mesmo projeto editorial.

Nosso livro tentou apresentar a nova maneira de abordar a língua escrita das crianças submetidas à sessão de mediação, assim como examinar as competências por elas adquiridas. Mostramos como o encontro com o livro inverte o processo dos métodos vigentes de aprendizagem da escrita. Quando hoje um método pretende impor a decodificação no início do processo de aprendizagem, deixa de levar em conta as mudanças sofridas pela sociedade no decorrer desses últimos decênios. Atualmente nas famílias letradas, a iniciação à escrita não é mais festejada no primeiro dia de ingresso na escola e o primeiro encontro com o livro não se dá com a cartilha. Quando o encontro com o livro ocorre a partir dos primeiros meses de idade, cabe introduzir a decifração no início do processo do modo como é preconizado pelo método fônico? Se crianças de famílias letradas, por se beneficiarem cedo do livro, escapam da sequência *extração da pronúncia/extração do significado*, por que deixar apenas aquelas sem familiaridade com o livro, presas a essa dicotomia? A imposição de duas etapas sucessivas faz a criança desprovida de um letramento anterior correr o risco de ser abandonada entre as duas. O problema do analfabetismo funcional comprova que esse risco é real.

A familiarização com a literatura desenvolvida de maneira precoce leva a criança a descobrir um imenso tesouro literário que vem se acrescentar às histórias orais narradas pelo contador. A educação da criança se beneficia, desse modo, de histórias que passam por um duplo canal linguístico, o da língua oral do contador e o da língua escrita do livro.

Ao abrir as portas da literatura infantil aos analfabetos, a mediação de leitura os instala na prática da linguagem escrita e, consequentemente, na cultura letrada. Eles descobrem muito cedo que as histórias do livro permanecem idênticas e que essa permanência confere à literatura um estatuto distinto da narrativa oral. O texto possui uma autoria definitiva, enquanto a narrativa oral pertence a todos os contadores que se apropriam dela.

A garantia de permanência da língua escrita inaugurou a era da história e o desenvolvimento filosófico e científico. Como conceber uma matemática sem escrita? Os conceitos de Platão ou Aristóteles, registrados graficamente, alimentam ainda o pensamento de hoje. Se a língua oral se adapta às particularidades da comunicação presente, apenas a língua escrita garante a estabilidade da terminologia científica. Não se trata de abandonar, mediante a conquista da língua escrita, o calor da comunicação oral e sua capacidade de adaptação à relação presente, mas sim de adquirir um segundo instrumento, adequado a outras situações, desconhecidas do mundo da oralidade. Uma cultura marcada pela escrita possui características tão particulares, que mesmo os analfabetos se submetem às peculiaridades do seu funcionamento. A criança não alfabetizada já participa da cultura escrita quando obedece ao ritmo das atividades da mãe, comandado pela hora *lida* no relógio. O hábito de *escrever* na agenda o horário dos encontros, por exemplo, transforma as relações com os outros.

Mostramos quais são as aprendizagens propiciadas pela mediação de leitura. Para isso estudamos um dispositivo pedagógico específico que nos permitiu identificar as dimensões de um letramento que fundamente a conquista da língua escrita. A expectativa é cessar de produzir analfabetos funcionais na mesma escala em que analfabetos absolutos são retirados das estatísticas. Mesmo se encontramos no dispositivo descrito uma potência suscetível de atender a essa expectativa, isso não quer dizer que ele seja modelo único a ser reproduzido em quaisquer circunstâncias. Trata-se de uma referência para elaborar outros instrumentos didáticos de mediação de leitura que possam servir em outros contextos.

A sessão de mediação oferece a crianças analfabetas uma prática da literatura infantil. Destacamos a originalidade do dispositivo aqui descrito pelo fato de abrir um duplo acesso ao acervo literário: um, visual e direto, pelo manuseio do livro e interpretação de suas imagens; outro, auditivo e indireto, pela escuta do seu texto.

A partir da observação da transmissão vocal desenvolvida pelos mediadores de leitura, construímos uma didática baseada num conjunto de quatro gestos, cuja configuração singular constitui determinada estratégia. A explicitação dos constituintes da transmissão vocal se revela um instrumento eficiente de formação dos mediadores, na medida em que os gestos, uma vez identificados e exercitados, podem ser escolhidos em virtude da singularidade da situação.

Analisamos a transmissão vocal através da sua função comunicativa e levamos em conta as duas instâncias que a constituem. Além de estudar o polo emissor assumido pelo mediador, centralizamos nossa atenção na escuta do texto, ou seja, no ponto de vista das crianças. Consideramos a transmissão pela voz como a primeira modalidade de recepção do texto no curso do desenvolvimento infantil, uma vez que ela ocorre antes da recepção visual pela leitura.

Desde a invenção da escrita as bibliotecas armazenaram milhares de documentos que a memória humana nunca teria podido guardar. Uma memória material — argila, papiro, pergaminho, papel — se substituiu à memória do cérebro. Hoje, por sua vez, o acervo das bibliotecas sofre a concorrência das memórias astronômicas dos computadores, que estocam textos separados de seu suporte, exatamente como acontece na memória humana. Esse tipo de memorização nos leva a considerar a realidade do texto escrito de maneira nova. Separados dos suportes, escondidos nos circuitos dos *chips* eletrônicos, os textos não são diretamente acessíveis aos sentidos humanos; apenas virtuais, sofrem operações elétricas para se tornarem apreensíveis. Manifestam-se numa forma visual por meio do *texto gráfico*, mas também numa outra, auditiva, através do *texto sonoro*. Graças ao sistema alfabético essas duas manifestações do texto estão ligadas entre si. A permanência do texto gráfico garante a do sonoro, e a sequência das palavras permanece idêntica em ambas as manifestações.

A sessão de mediação enfatiza as duas manifestações. Colocando a criança numa situação de escuta simultânea à visão do livro, ela induz o receptor a comparar o texto gráfico com o texto sonoro. Essa comparação é um instrumento eficiente a ser incluído entre os recursos do mestre da escrita.

No entanto, a comparação de ambas as manifestações do texto, sonora e gráfica, se justifica pelo desejo de saber como funciona o código, e não pelo desejo de entender o texto. A elucidação do código por comparação tem sua origem na necessidade de estudar a língua. Ela é um procedimento metalinguístico, um tópico de programa escolar, e não uma prática social de linguagem. Mais importante ainda, o procedimento de comparação não leva a "tomar conhecimento de um texto gráfico", ou seja, não coloca em jogo nenhum ato de leitura.

A conquista da autonomia do leitor necessita o exercício da leitura propriamente dita, isto é, da compreensão de um texto desconhecido. Exercícios sobre textos já escutados não correspondem a essa exigência. A comparação entre o texto sonoro e o texto gráfico realizada com um texto já revelado pela escuta não é suficiente para formar o leitor. Pode até ter uma influência oposta. Na medida em que satisfaz o ouvinte, a escuta pode tornar desnecessária a leitura e em algumas circunstâncias até mesmo desestimular o desejo de aprender a ler.

Por isso somos sensíveis ao duplo acesso — pela escuta e pela vista — que a sessão de mediação propicia. Nos espaços entre os mediadores, as crianças têm a disponibilidade de brincar com os livros, interpretá-los ou trocar opiniões. Descobrimos com interesse a diversidade das brincadeiras inventadas pelas crianças e seu papel na descoberta da função simbólica e na interpretação gradativa da narrativa do livro. Essa brincadeira infantil está ligada de duas maneiras à conquista da escrita. Ela expressa a maneira lúdica fundamental de a criança se apropriar do mundo e é coerente com o universo da literatura, enraizado numa representação ficcional do mundo real.

As brincadeiras levam em conta as três matérias da trança narrativa: icônica, sonora e gráfica. Por ser uma atividade de interpretação da narrativa mediante operações visuais, não guiada por uma escuta anterior, essa exploração do livro no espaço de autonomia coloca em ação alguns traços do ato de ler. Enquanto a escuta permite o gozo imediato da literatura, o acesso visual conduz à interpretação autônoma da narrativa.

Assim, a sessão de mediação é suscetível de cumprir uma dupla função. Utilizada pelos padrinhos da escrita, ela possibilita a fruição da literatura infantil. Utilizada pelos mestres, torna-se recurso para a conquista do código da escrita. Três eixos da atuação do mestre da escrita a diferenciam das tarefas do padrinho. O primeiro coloca no centro das práticas textuais a investigação de textos desconhecidos. O segundo exige do pedagogo uma sistematização das descobertas infantis mediante sua elucidação, socialização, reflexão e registro em memórias diversas. O terceiro consiste na produção de textos a partir da recuperação dos dados registrados.

Estamos convencidos de que a intervenção social do mediador de leitura questiona a abordagem tradicional da escrita e leva o *alfabetizador* a repensar sua atuação. O contato precoce da criança com o livro exime o professor do papel de iniciador à cultura escrita, agora assumido pelo padrinho da escrita. No entanto, se o professor perdeu esse papel, isso se deve ao fato de que no passado era o único a assumi-lo, enquanto hoje essa função é compartilhada com a sociedade.

Imensa é a responsabilidade desta última, que deve proporcionar mediação de leitura a todas as crianças. Como muitas delas não se beneficiam precocemente de um letramento, ingressam na escola em condições desiguais em relação às que têm acesso aos livros. As primeiras ficam restritas a abordar a escrita pelo código alfabético, enquanto as outras o fazem através de uma prática de linguagem.

Em vários países a educação infantil assume grande parte da responsabilidade do letramento. No Brasil, no entanto, não temos tempo de esperar a universalização das creches. Desse modo, os mediadores de leitura trabalham na urgência para assumir uma tarefa que cabe à sociedade no seu conjunto. No entanto, se os padrinhos da escrita iniciam o encontro das crianças com a cultura letrada, não podemos exigir deles a condução da conquista do código. Cabe a profissionais com formação acadêmica, assumir tal tarefa. Estes últimos não podem atuar como o faziam no passado, já que devem levar em conta os saberes infantis adquiridos na prática do livro e neles enraizar a construção do código. Essa nova tarefa supõe, portanto, uma mudança na formação dos profissionais da educação.

Em algumas instituições de educação infantil brasileiras, a conquista do código já se elabora a partir de uma prática do livro semelhante à da sessão de mediação. Nelas, o objetivo de dominar o código gráfico se infiltra na familiaridade com a literatura, tendo em vista levar o leitor gradativamente à autonomia. É necessário aperfeiçoar e generalizar uma prática do livro que vise a construir, junto àqueles que têm fome de histórias, instrumentos que deem acesso ao alimento da fábula. Uma vez mais, não se trata de oferecer o peixe, mas sim de ensinar a pescar.

Bibliografia

ABRINQ (Fundação). *Biblioteca viva*: Fazendo história com livros e leituras. São Paulo: Fundação Abrinq, 2005.

BAJARD, Élie. Mercadoria antiga embalagem moderna. *Educação e Pesquisa*, USP, v. 32, p. 493-507, set./dez. 2006.

______. *Ler e dizer*: Compreensão e comunicação do texto escrito. 5. ed. São Paulo: Cortez, 2005.

______. *Caminhos da escrita*: Espaços de aprendizagem. São Paulo: Cortez, 2002.

______. O desvelamento do texto: Didática da língua estrangeira e alfabetização. *Rencontres*. São Paulo: Faculdade de Comunicação e Filosofia, PUC-SP, n. 10, maio 2005.

BARBOSA, João Alexandre. Reflexões sobre o ensino das artes. In: BARBOSA, Ana Mae; FERRARA, Lucrecia; VERNASCHI, Elvira (Orgs.). *O ensino das artes nas universidades*. São Paulo: Editora da USP, 1993.

BRASIL. Secretaria de Educação Fundamental. *Parâmetros Curriculares Nacionais*: Língua Portuguesa. Brasília: MEC/SEF, 1997.

BRENMAN, Ilan. *Através da vidraça da escola formando novos leitores*. São Paulo: Casa do Psicólogo, 2004.

CAPOVILLA, Fernando C. (Org.). *Os novos caminhos da alfabetização infantil*. Relatório encomendado pela Câmara dos Deputados ao Painel Internacional de Especialistas em Alfabetização Infantil. São Paulo: Memnon, 2005.

CHRISTIN, Anne Marie. *L'image écrite ou la déraison graphique*. Paris: Flammarion, 1995.

COLOMER, Teresa. *Andar entre livros. A leitura literária na escola*. São Paulo: Global, 2007.

FAYOL, Michel; MORAIS, José. La lecture et son apprentissage. L'évolution de l'enseignement de la lecture en France depuis dix ans. *Les Journées de l'Observatoire*, Clermont-Ferrand, jan. 2004. Disponível em: <http://onl.inrp.fr/ONL/publications/publi2004/evolution/>. Acesso em: 20 ago. 2007.

FERREIRA, Luís Antônio. *Oralidade e escrita*: um diálogo pelo tempo. São Paulo: Efusão, 2004.

FOUCAMBERT, Jean. *La manière d'être lecteur*. Paris: Hatier, 1976.

GIASSON, Jocelyne. *A compreensão na leitura*. Lisboa: ASA, 2000.

GOODY, Jack. *Entre l'oralité et l'écriture*. Paris: PUF, 1994.

HOUAISS, Antônio. *Dicionário da Língua Portuguesa*. Rio de Janeiro: Objetiva, 2001.

JOLIBERT, Josette. *Formando crianças leitoras*. Porto Alegre: Artes Médicas, 1994.

JOLIBERT, Josette; JACOB, Jeannette. *Além dos muros da escola*. Porto Alegre: Artes Médicas, 2006.

KOCH, Ingedor Villaça; VANDA, Maria Elias. *Ler e compreender*: Os sentidos do texto. São Paulo: Contexto, 2006.

LAGO, Angela. *Cena de rua*. Belo Horizonte: RHJ, 1994.

LAJOLO, Marisa; ZILBERMAN, Regina. *Literatura infantil brasileira*: história e histórias. São Paulo: Ática, 1988.

LÉVY, Pierre. *O que é virtual?* São Paulo: Editora 34, 2005.

LIONNI, Leo. *Peixe é peixe*. São Paulo: Martins Fontes, 1998.

LOBATO, Monteiro. *Dom Quixote das crianças*. São Paulo: Brasiliense, 1994.

MANGUEL, Alberto. *Uma história da leitura*. São Paulo: Companhia das Letras, 1997.

MARCUSCHI, Luiz Antônio. *Da fala para a escrita*: atividades de retextualização. São Paulo: Cortez, 2001.

McLUHAN, Marshall. *A galáxia de Gutemberg*. São Paulo: Editora Nacional, 1972.

MELLO E SOUZA, Antônio Cândido. O direito à literatura. In: CARVALHO, José Sérgio (Org.). *Educação, cidadania e direitos humanos*. Petrópolis: Vozes, 2004.

OLSON, David. *O mundo no papel*: as implicações conceituais e cognitivo da leitura e da escrita. São Paulo: Ática, 1997.

ONG, Walter. *Oralidade e cultura escrita*. Rio de Janeiro: Papirus, 1998.

PATRINI, Maria de Lourdes. *A renovação do conto*: Emergência de uma prática oral. São Paulo: Cortez, 2005.

PENNAC, Daniel. *Como um romance*. Rio de Janeiro: Rocco, 1997.

PETIT, Michèle. Les relations entre ACCESS et l'Amérique Latine, au Brésil, le groupe A cor da letra. *Acces Actualités*, Paris, n. 29, fev. 2007.

SACKS, Oliver. Vendo vozes. *Uma viagem ao mundo dos surdos*. São Paulo: Companhia das Letras, 1998.

SAMPSON, Geoffroy. *Sistemas de escrita*: tipologia, história e psicologia. São Paulo: Ática, 1996.

SAUSSURE, Ferdinand de. *Curso de linguística geral*. São Paulo: Cultrix, 1969.

SERRADIN, Jean Yves. Une autre façon d'enseigner la lecture au XVIIIème siècle. La méthode des mots entiers. *Les actes de lecture*, Paris, n. 97, mar. 2007.

SILVA, Ezequiel Theodoro da (Org.). *A leitura nos oceanos da Internet*. São Paulo: Cortez, 2003.

SMITH, Franck. *Compreendendo a leitura*: uma análise psicolinguística da leitura e do aprender a ler. Porto Alegre: Artes Médicas, 1989.

SOARES, Magda. *Letramento*: um tema em três gêneros. Belo Horizonte: Autêntica, 1999.

SOUZA, Glória Maria Anselmo de; SILVA, Leda Marina Santos da. Leitura compartilhada: um momento de prazer na formação de professores-leitores. In: PAIVA, Aparecida; MARTINS, Aracy Alves; PAULINO, Graça; VERSIANI, Zélia (Orgs.). *Democratizando a leitura*: pesquisas e práticas. Belo Horizonte: Autêntica, 2004.

SVENBRO, Jesper. A leitura nos séculos finais da Idade Média. In: CAVALLO, G.; CHARTIER, R. *História da leitura no mundo ocidental 1*. São Paulo: Ática, 1998.

TEIXEIRA, Coelho. *Dicionário crítico de política cultural*. São Paulo: Fapesp/Iluminuras, 1997.

WADA, Miyoko Márcia. *Leitura e juventude*. São Paulo: Annablume, 2004.

WOOD, Audrey. *Meus porquinhos*. São Paulo: Ática, 1992.

ZUMTHOR, Paul. *Performance, recepção, leitura*. São Paulo: Educ, 2000.